J'apprends le Clavier et la souris

Servane Heudiard

FIRST
> Interactive

J'apprends le clavier et la souris

27, rue Cassette
75006 Paris – France
Tél. 01 45 49 60 00
Fax 01 45 49 60 01
E-mail : firstinfo@efirst.com
Web : www.efirst.com

ISBN : 2-84427-666-0
Dépôt légal : 3e trimestre 2004
Imprimé en France par Pollina (85) - N° L95348

Conception graphique et mise en page : MADmac

Table des matières

Présentation

Avant de partir à la découverte du clavier d'ordinateur, ayons une dernière pensée émue pour cette bonne machine à écrire qui nous a rendu de fiers services. Révolutionnaire en son temps, elle fera bientôt partie des antiquités. Plus une minute à perdre, donc, pour apprendre à utiliser le clavier !

J'apprends le clavier et la souris vous familiarise avec le clavier et la souris progressivement… mais sûrement. À la fin de cet ouvrage, vous maîtriserez ces outils sur le bout des doigts, croyez-moi !

Après une présentation détaillée du clavier et de ses nombreuses touches, vous découvrirez les techniques fondamentales en matière de saisie. Vous apprendrez ainsi à produire toutes les sortes de caractères existants, des banales lettres minuscules aux signes de ponctuation, en passant par les caractères accentués ou les espaces. Nous n'oublierons pas non plus la souris, outil aussi précieux que facile à utiliser.

Pour vous aider à mémoriser ces informations théoriques, deux chapitres vous permettront de les mettre en pratique au travers d'exercices en étapes et de questions-réponses. Et pour parfaire cette formation, vous trouverez en fin d'ouvrage une liste des meilleurs raccourcis clavier utilisables dans Windows et Microsoft Word.

En résumé, *J'apprends le clavier et la souris* vous propose une présentation du clavier et de la souris, vous explique comment utiliser ces derniers, vous invite à exercer vos compétences et vous offre un aide-mémoire des raccourcis clavier essentiels. Pas de doute : vous avez fait le bon choix en achetant ce livre !

chapitre 1

Premier contact avec mon clavier

Plus de 30 ans, déjà, que les claviers d'ordinateurs existent ! Depuis ces premiers modèles ancestraux, constitués de seulement 83 touches, cet outil a considérablement évolué, tant dans sa structure et dans sa forme que dans ses fonctions. Avant de nous intéresser à la composition d'un clavier standard, je vous propose un petit tour d'horizon des différents claviers existants.

chapitre 1

À chacun son clavier

Si vous en avez le temps, rendez-vous par curiosité dans votre magasin d'informatique habituel ou visitez des sites de vente de matériel informatique sur l'Internet, et comparez les différents modèles de claviers proposés : vous serez surpris par leur diversité. De nombreux types de claviers cohabitent en effet sur le marché mondial.

Les claviers de PC traditionnels

Avec ses 105 touches, le bon vieux clavier rectangulaire de PC reste le plus employé. Même s'il peut sembler rigide et austère par rapport à ses jeunes concurrents, il a le mérite d'être sobre et, donc, plus facile à utiliser. Si vous avez choisi un modèle de ce type, vous n'avez donc pas du tout à vous considérer comme rétrograde : félicitez-vous au contraire d'avoir acquis une valeur sûre ! Et si vous vous êtes laissé tenter par un clavier plus évolué, inutile de commencer à vous faire des cheveux blancs : il vous suffira d'ignorer les touches additionnelles le temps de votre apprentissage pour devenir un pro de la saisie.

Testé, approuvé et toujours plébiscité : le clavier de PC traditionnel

Les claviers de PC évolués

Soucieux d'améliorer le confort des utilisateurs, les concepteurs de claviers tentent en permanence d'adapter leurs produits à l'évolution du marché informatique. C'est ainsi que de nouvelles touches se sont immiscées à côté des indétrônables. Selon les claviers, vous pouvez trouver des touches dédiées à la navigation sur le Web, d'autres destinées au contrôle du lecteur de DVD ou de CD, ou d'autres, encore, qui permettent d'ouvrir des dossiers spécifiques de Windows, comme `Mes documents` ou `Mes images`.

Outre cette gestion centralisée, de nombreux claviers possèdent désormais une forme ergonomique, conçue pour moins solliciter les poignets et les avant-bras. En d'autres termes, un tel modèle permet normalement d'éviter les tendinites dues à la saisie intensive. Pourtant, ces claviers sont loin de constituer une panacée. Ils nécessitent en effet un temps d'adaptation indéniable, et certains utilisateurs ne s'y habituent même jamais. Le clavier traditionnel a donc encore de beaux jours devant lui, d'autant que cette concurrence fait sans cesse baisser son prix !

Nouvelle esthétique, nouvelles touches : les claviers évoluent avec leur temps

Les claviers d'ordinateurs portables

Pas besoin d'une longue expérience en informatique pour identifier la différence majeure entre un clavier de portable et un clavier d'ordinateur de bureau : le premier possède moins de touches, et celles-ci se retrouvent confinées dans un espace beaucoup plus réduit. Cela n'entrave toutefois la saisie d'aucun caractère, rassurez-vous ! Simplement, s'habituer à un clavier prend un peu plus de temps que s'accoutumer à un clavier traditionnel.

En plus des touches traditionnelles, les claviers de portables intègrent généralement des boutons et un pavé tactile destinés à remplacer la souris. Admettez qu'une souris baladeuse accrochée à un objet qui se veut facilement transportable ne serait pas du meilleur goût ! Néanmoins, rien ne vous empêche de connecter une souris au portable lorsque vous travaillez dans un environnement adéquat, comme un bureau. Vous pouvez en outre retrouver sur ce type de clavier des touches dédiées à la navigation sur l'Internet et au contrôle du lecteur de CD ou DVD.

Le clavier de portable : un clavier compact tout en un

Les claviers de Mac

Les claviers de Mac sont globalement très proches de ceux des PC. Seules quelques touches occupent une place différente, tandis que certaines portent un autre nom. Par exemple, la touche **Alt** sur PC devient **Option** sur Mac. En réalité, la différence essentielle est l'absence de touches propres à Windows sur Mac, et pour cause ! Mais comme Microsoft sur PC, Apple a intégré une touche dédiée à son système sur ses claviers : la touche **Pomme**. Rien de révolutionnaire, donc, et surtout rien d'insurmontable si vous devez un jour abandonner votre PC au profit d'un Mac : vos doigts sauront s'y retrouver !

Un très proche cousin du clavier de PC : le clavier de Mac

Clavier défaillant : pas de panique !

Si votre clavier s'enraye un jour, ne l'abonnez pas dans la minute qui suit sans lui laisser une chance de reprendre vie ! Voici les principaux problèmes qui peuvent se poser.

- **Une seule touche est hors d'usage.** Le problème vient sans doute d'une petite saleté. Nettoyez alors la touche avec soin.
- **Une ligne ou colonne de touches entière est hors d'usage.** Un réseau de fils sous-jacent a dû rendre l'âme. L'heure du glas a alors sonné pour votre clavier.
- **Le clavier ne fonctionne plus du tout ou ne produit pas les caractères tapés.** Vérifiez qu'il est bien connecté à l'ordinateur. Si cela ne change rien, il se peut qu'une touche soit bloquée. Identifiez-la et libérez-la. Il est aussi possible que le cordon du clavier soit défectueux. Remplacez-le alors par un autre. Si le problème persiste, le remplacement du clavier devient alors inévitable.

Les claviers étrangers

Si je vous dis que les Chinois et les Russes n'utilisent pas le même clavier que nous, vous aurez l'impression d'entendre une évidence. Et pourtant. Les différences ne sont pas aussi radicales que vous pourriez le croire : la structure globale du clavier reste la même que celle des claviers américains, et les caractères chinois ou russes apparaissent en plus, mais pas à la place des caractères auxquels nous sommes habitués.

Peut-être vais-je vous surprendre davantage en vous indiquant que les Américains n'utilisent pas le même clavier que nous. Plus précisément, l'organisation générale des touches est identique, mais l'inscription visible sur ces touches diffère. Par exemple, là où apparaît un A en Français figure un Q en Américain. Cette distinction est essentielle, puisqu'elle ne vaut pas que pour la France et les États-Unis. Elle détermine en effet les deux catégories de claviers existants dans le monde : les claviers AZERTY et les claviers QWERTY. Tous les autres claviers, même japonais ou coréens, canadiens ou suisses, ne sont que des variantes de l'un ou l'autre de ces deux types.

Mais comment retenir ces deux noms barbares, me direz-vous ? Rien de plus simple : observez la deuxième ligne du pavé central de n'importe quel clavier. Vous constaterez alors que les six premières lettres affichées déterminent le type du clavier. À ce propos, regardez bien la photo de clavier ergonomique présentée plus tôt dans ce chapitre. Aviez-vous remarqué qu'il s'agissait d'un clavier QWERTY, et non pas AZERTY ? Je voulais juste tester votre œil aiguisé. Pardonnez-moi !

Anatomie d'un clavier standard

Pour ne pas vous perdre dans une multitude d'informations et d'annexes, ce livre vous invite à vous familiariser avec la saisie grâce au type de clavier actuellement le plus répandu sur le marché : le clavier Windows 105 touches. Il vous prépare par là-même à l'utilisation de claviers plus évolués, puisque le clavier traditionnel avec lequel nous travaillerons constitue une structure de base qui se retrouve sur tous les claviers de PC de bureau.

Un clavier se divise en quatre grandes zones, auxquelles viennent s'ajouter 4 touches qui échappent à toute catégorisation et 3 témoins lumineux :

- dans la partie supérieure : les **touches de fonction** ;
- dans la partie centrale : le **pavé central** ;
- dans la partie droite : le **pavé numérique** ;
- entre le pavé central et le pavé numérique : le **pavé directionnel**.

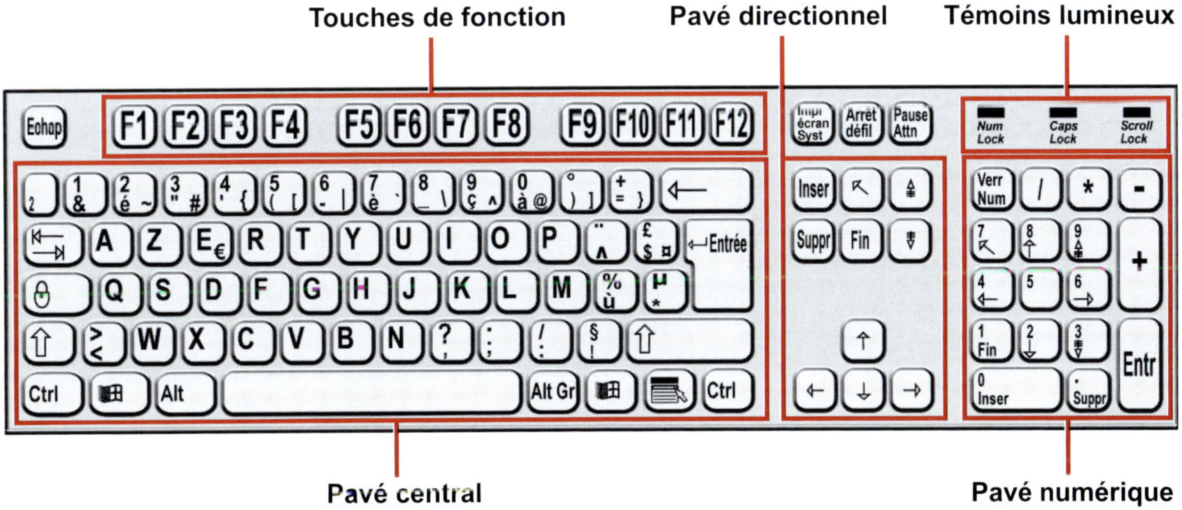

Le chapitre 2 est entièrement consacré à la présentation détaillée des différentes touches. Pour l'instant, contentez-vous de retenir ceci :

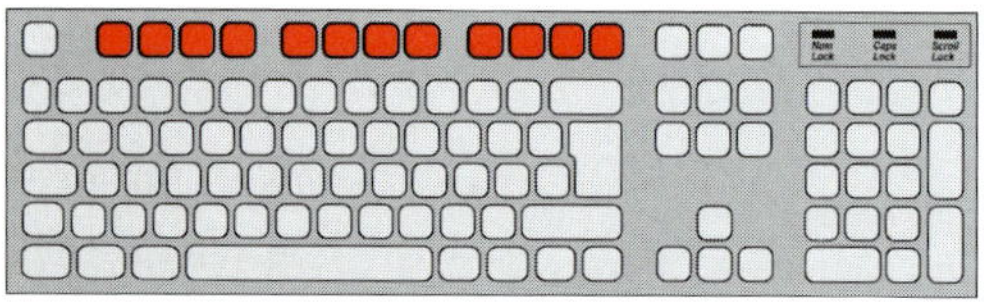

- Les **touches de fonction** ne servent pas à saisir des caractères, mais à déclencher une action particulière qui dépend du programme dans lequel vous travaillez. Par exemple, appuyer sur **F1** ouvre généralement l'aide en ligne du logiciel en cours.

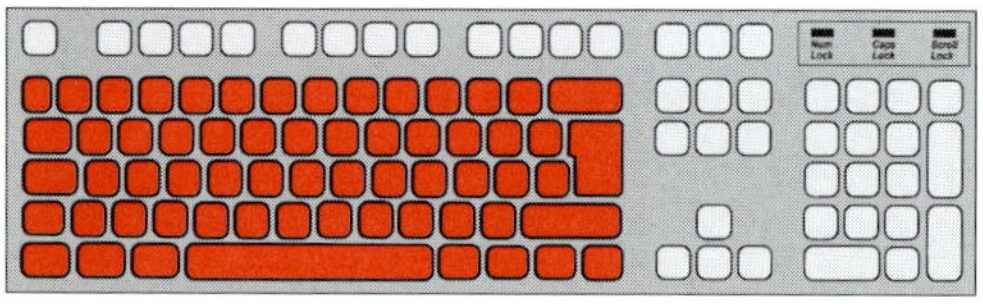

- Le **pavé central** constitue le centre névralgique du clavier. C'est depuis cet endroit que vous saisirez l'essentiel des caractères, des simples lettres minuscules aux caractères accentués, en passant par les espaces et les majuscules.

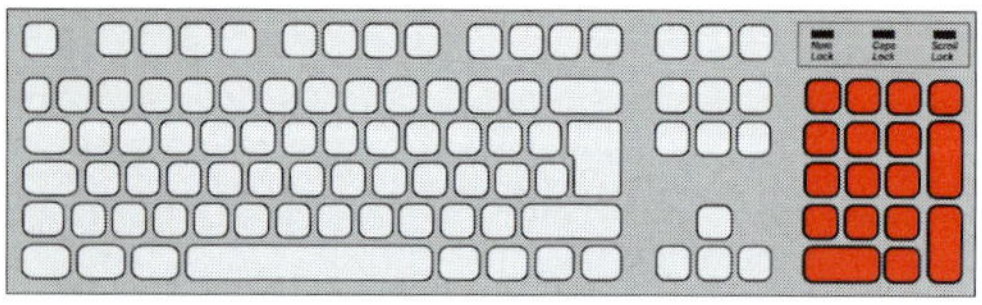

- Le **pavé numérique** sert essentiellement à saisir des nombres et à effectuer des calculs mathématiques, mais vous pouvez y recourir pour vous déplacer dans le document en cours.

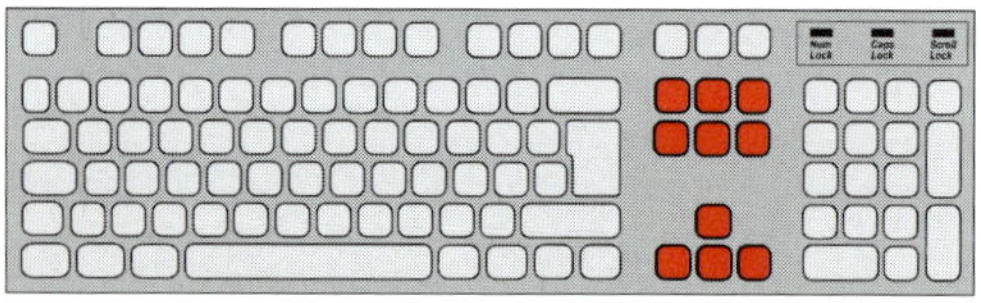

- Le **pavé directionnel** renferme toutes les touches indispensables pour faire défiler un document et se déplacer dans ce dernier.

Je sens que cette petite mise en bouche vous a ouvert l'appétit. Je vous invite donc à passer sans tarder au plat de résistance servi dans le chapitre suivant, afin de découvrir le rôle précis de toutes ces touches.

chapitre 2

À la découverte des touches

105 touches à connaître et maîtriser : la tâche pourrait sembler insurmontable, et pourtant, il n'en est rien. Ne soyez pas sceptique et faites-moi confiance : ce chapitre commence par une présentation générale des différents types de touches qui vous garantit un début d'apprentissage en douceur. Après cette première familiarisation, vous plongerez définitivement au cœur du clavier pour découvrir le rôle précis de chacune de ses touches.

Trois grandes catégories de touches

À l'exception de la **barre d'espace**, chacune des touches est marquée d'au moins un caractère. Elles ne produisent cependant pas toutes le même effet.

Touches qui produisent un caractère

La majorité des touches du clavier servent à saisir un caractère, notamment une lettre ou un chiffre. Elles se répartissent entre le pavé central et le pavé numérique.

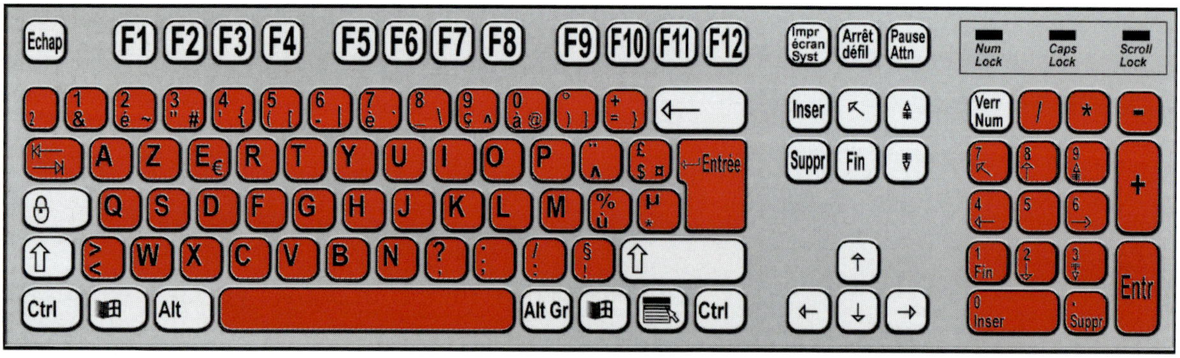

Au sein même de cette catégorie, on distingue plusieurs types de touches d'après un critère qui ne vous aura sans doute pas échappé : le nombre de caractères présents sur la touche.

Touches marquées d'un seul caractère

Ce sont les plus simples de toutes, puisqu'un simple appui dessus suffit pour saisir le caractère correspondant à l'écran. Un seul petit

Des touches multifonctions

L'effet produit par les touches du pavé numérique dépend de l'état de ce dernier. S'il est verrouillé (c'est-à-dire si le témoin **Num Lock** est allumé), comme c'est généralement le cas, ses touches permettent de saisir un caractère. Quand il n'est pas verrouillé, en revanche, ses touches marquées de deux caractères déclenchent une action (un déplacement, le plus souvent).

Ces beaux principes connaissent toutefois un petit bémol. La situation serait sinon trop simple ! Lorsque vous travaillez dans un programme de calcul, en effet, et que le pavé numérique est verrouillé, les touches **/**, *****, **-**, **+** et **Entrée** n'insèrent pas de caractère : elles exécutent le calcul correspondant. Nous reviendrons sur ce pavé en détail dans la deuxième section de ce chapitre.

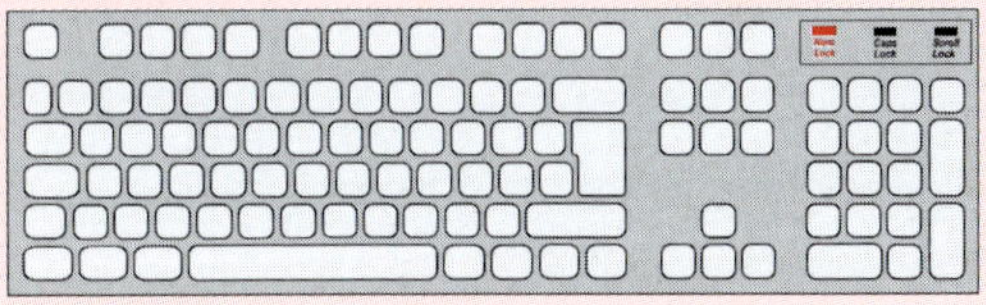

élément pourrait vous induire en erreur concernant les touches marquées d'une lettre : bien que cette dernière soit inscrite en majuscule, elle apparaît à l'écran en minuscule quand vous tapez la touche correspondante. Ne soyez pas impatient : vous découvrirez en temps voulu comment saisir des majuscules.

Trois touches un peu à part entrent également dans cette sous-catégorie :

- La touche **Entrée** : cette grosse touche dont un premier exemplaire se trouve dans la partie droite du pavé central et un second, dans la partie droite du pavé numérique, insère une marque de paragraphe, permettant ainsi de commencer une nouvelle ligne de texte.

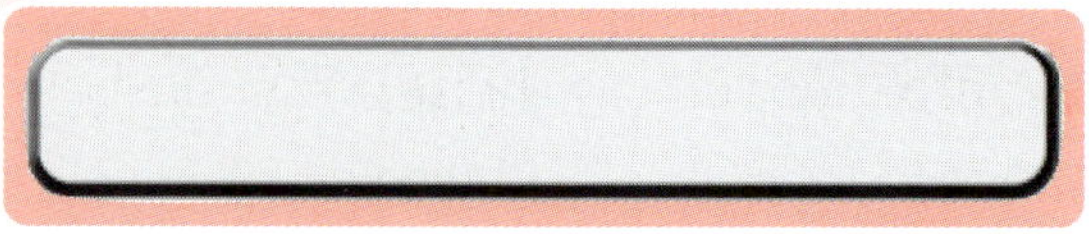

- La **barre d'espace** : comme son nom l'indique, cette grande touche qui occupe la moitié de la dernière ligne du pavé central insère un espace.

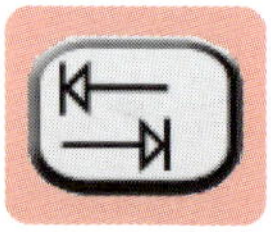

- La touche **Tab** : marquée de deux flèches et située au début de la deuxième ligne du pavé central, cette touche insère une tabulation.

Lorsque vous appuyez sur l'une d'elles, vous produisez un caractère qui reste invisible à l'écran, sauf si vous travaillez dans un logiciel où vous avez choisi d'afficher les caractères non imprimables (qui n'apparaîtront donc pas sur la sortie papier de votre document). Nous reviendrons sur ce trio dans la deuxième section de ce chapitre.

OÙ LES TROUVER ?

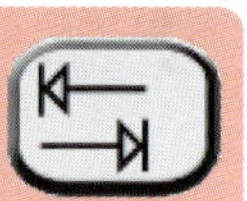

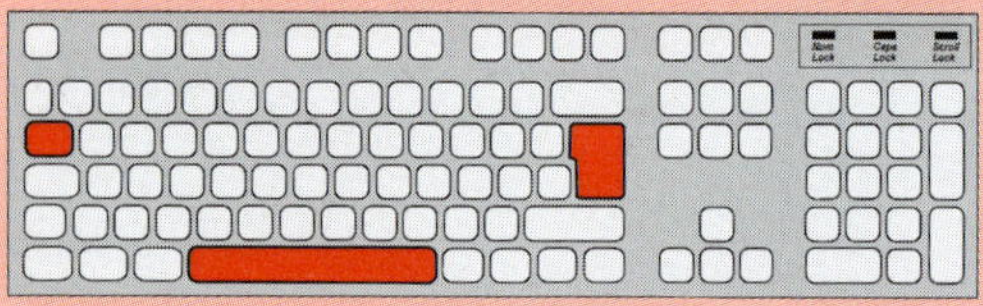

Tabulation

Caractère non imprimable correspondant à un espace plus ou moins grand qui entraîne l'insertion et le positionnement de l'élément ou du texte suivant ce texte au niveau du prochain taquet de tabulation. Les tabulations permettent le plus souvent d'aligner rigoureusement des colonnes de texte.

Taquet de tabulation

Élément définissant la position cible d'une tabulation et l'alignement à appliquer à l'élément qui suit cette tabulation.

Touches marquées de deux caractères

La plupart de ces touches comportent un caractère dans leur angle supérieur gauche, et un dans leur angle inférieur gauche. Le premier s'obtient alors en mode Majuscules, et le second en mode normal. Autrement dit, pour saisir le caractère inférieur, il vous suffit de taper la touche et de la relâcher. Pour obtenir le caractère supérieur, en revanche, vous devez appuyer sur sa touche tout en maintenant enfoncée la touche **Maj**, située au début de la quatrième ligne du pavé central. Prenons l'exemple de la touche **%**, placée dans la partie droite du pavé central.

OÙ LA TROUVER ?

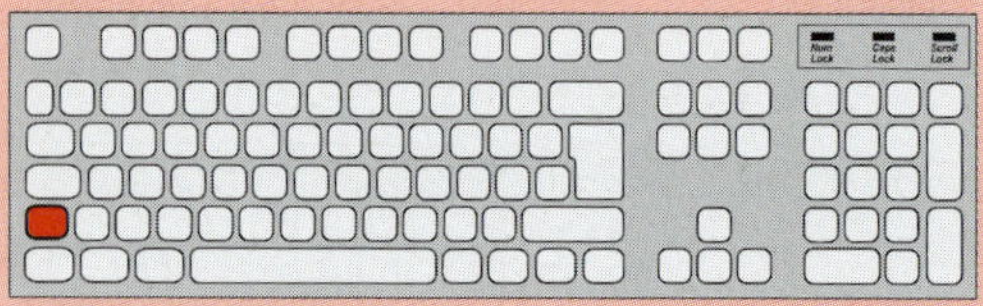

Si vous la tapez seule, vous obtenez un ù. Si vous appuyez dessus tout en maintenant la touche **Maj** enfoncée, en revanche, vous saisissez un %.

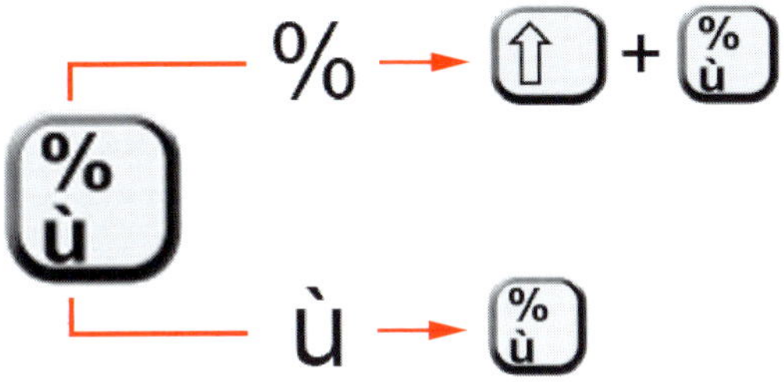

Quelques touches marquées de deux caractères échappent à cette règle :

- La touche **E :** si l'un des caractères (le E) figure bien dans l'angle supérieur gauche, le deuxième (€), en revanche, occupe l'angle inférieur droit. Le e s'obtient ici en appuyant simplement sur la touche, tandis que le symbole de l'euro se saisit comme le troisième caractère des touches marquées de trois caractères, c'est-à-dire avec l'utilisation conjointe de la touche **Alt Gr**. Nous y reviendrons dans quelques instants.

- Les touches du pavé numérique : l'effet qu'elles produisent dépend de l'état du pavé numérique. Pour que vous puissiez obtenir le caractère affiché dans la partie supérieure d'une touche, le pavé doit être verrouillé. Quand il ne l'est pas, c'est-à-dire quand le témoin **Num Lock** au-dessus est éteint, un appui sur une touche déclenche l'action matérialisée par l'élément affiché dans la partie inférieure de la touche en question (un déplacement, le plus souvent). Là encore, nous verrons l'utilisation du pavé numérique en détail dans deuxième section de ce chapitre.

Touches marquées de trois caractères

Toutes ces touches sont réunies dans la première ligne du pavé central, à l'exception de la touche **$** qui se situe juste à gauche de la touche **Entrée**. Les caractères placés dans la partie gauche de ce genre de touche s'obtiennent selon le même principe que ceux présents sur des touches marquées de deux caractères. Vous souvenez-vous de ces techniques ?

- Pour saisir le caractère situé dans l'angle inférieur gauche, tapez simplement sa touche.
- Pour obtenir le caractère de l'angle supérieur gauche, appuyez sur sa touche tout en maintenant la touche **Maj** enfoncée.

- Pour insérer le caractère placé dans l'angle inférieur droit, vous devez faire appel à une autre touche située à droite de la **barre d'espace** : **Alt Gr**. En maintenant cette dernière enfoncée, tapez la touche du caractère, et vous verrez celui-ci apparaître à l'écran ! Par exemple, appuyez à la fois sur la touche **Alt Gr** et sur la touche **3** dans la partie droite de la première ligne du pavé central pour saisir le symbole dièse (#).

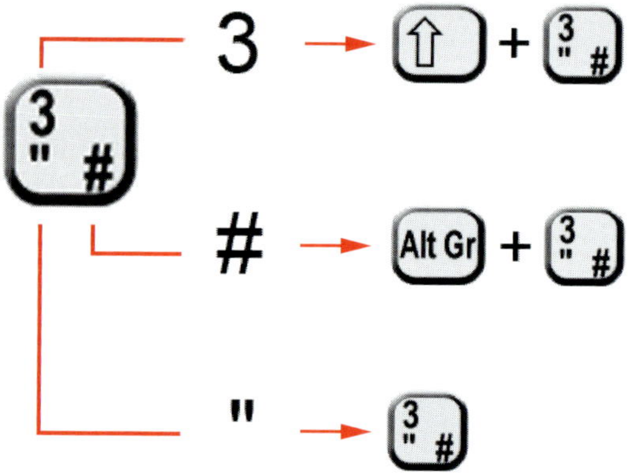

Touches qui s'emploient uniquement avec d'autres

Si vous appuyez sur la touche **Maj**, **Ctrl**, **Alt** ou **Alt Gr** et si vous la relâchez aussitôt, vous ne constaterez aucun changement à l'écran. Ne croyez pas pour autant que votre clavier vous joue un mauvais tour ! Il n'est ni récalcitrant, ni en panne : simplement, ces touches ne produisent un effet que si vous appuyez simultanément sur une autre touche. Par exemple, si vous tapez la touche **R** en maintenant la touche **Maj** enfoncée, vous n'obtenez pas un r minuscule, mais un R majuscule. De même, si vous appuyez simultanément sur la touche **4** dans la première ligne du pavé central et sur la touche **Alt Gr**, vous ne saisissez pas un 4 ni une apostrophe, mais une accolade ouvrante {.

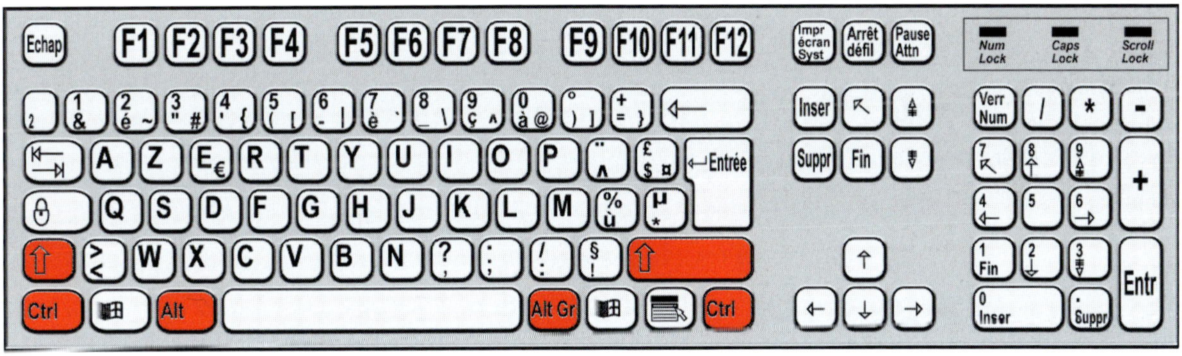

Ces touches qui ne fonctionnent pas de manière autonome interviennent essentiellement dans les *raccourcis clavier*. Si vous n'avez jamais entendu ce terme, mémorisez-le très vite, car ces fameux raccourcis vont rendront d'immenses services dans votre existence informatique. Ils permettent en effet de déclencher directement depuis le clavier une action que vous accomplissez normalement avec la souris. Vous évitez donc des déplacements superflus de vos mains et gagnez un temps indéniable.

Raccourci clavier

Combinaison d'au moins deux touches à taper simultanément pour déclencher une action particulière.

Imaginons que vous travailliez dans Microsoft Word et que vous vouliez ouvrir un document. Normalement, vous devez déplacer votre main sur la souris et aller cliquer avec le bouton gauche sur **Fichier**, puis sur **Ouvrir**. Avec le raccourci clavier **Ctrl+O**, adieu tous ces détours ! Appuyez sur la touche **Ctrl** et, en la maintenant toujours enfoncée, tapez la touche **O**, puis relâchez les deux touches : la boîte de dialogue **Ouvrir** apparaît instantanément. Surprenant, non ? Vous pouvez tester selon le même principe le raccourci **Ctrl+N**. Si vous appuyez bien simultanément sur les touches **Ctrl** et **N**, un nouveau document devrait s'ouvrir comme par miracle !

Tous les programmes, ainsi que Windows proposent de nombreux raccourcis clavier. Ceux-ci sont parfois indiqués à côté du nom des commandes dans les menus. Ils sont sinon répertoriés dans l'aide en ligne. Dans la plupart des cas, un raccourci s'inscrit avec les noms des touches séparés par un signe plus (+). Celui signifie simplement que vous devez taper toutes les touches simultanément. Par exemple, si vous lisez que Alt+F4 permet de fermer un programme, ne tapez pas successivement la touche **Alt**, puis la touche **+** et, finalement la touche **F4**, car vous n'obtiendrez pas du tout le résultat escompté ! Commencez au contraire par appuyer sur la touche **Alt** et maintenez-la enfoncée. Tapez ensuite la touche **F4** et relâchez les deux touches. Je sens que vous commencez à être séduit…

Touches qui déclenchent une action

Même si l'esprit associe instantanément la saisie au clavier, ce dernier ne sert pas qu'à produire des caractères. Certaines touches entraînent en effet l'exécution de véritables actions, parfois sans aucun rapport avec la frappe, d'ailleurs.

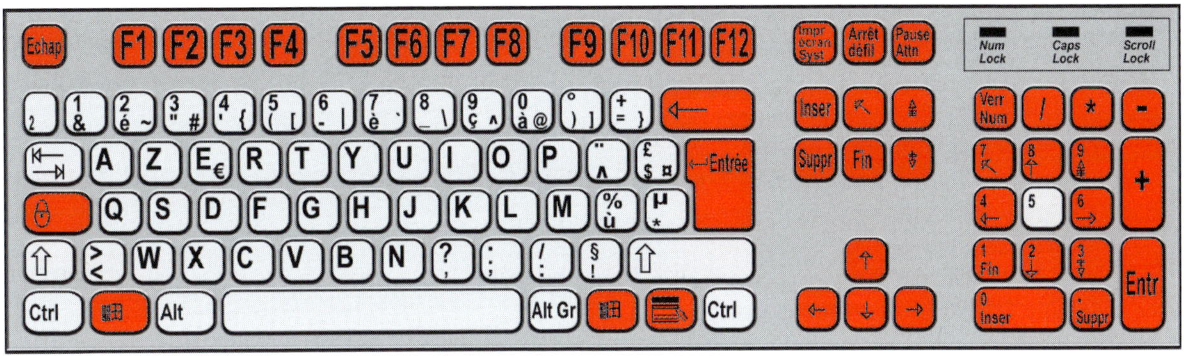

Ces touches seront détaillées dans la deuxième section de ce chapitre. Globalement, elles se scindent en cinq grandes catégories :

- Touches dédiées au déplacement dans le document en cours : la plupart d'entre elles sont réunies dans le pavé directionnel, entre le pavé central et le pavé numérique.
- Touches qui exécutent ou interrompent une commande de programme : il s'agit essentiellement des touches de fonction (souvenez-vous : ces touches figurent dans la première ligne du clavier) et de la touche **Echap**, située dans l'angle supérieur gauche du clavier.
- Touches qui suppriment des caractères, à savoir **Retour arrière**, située à l'extrême droite de la première ligne du pavé central, **Suppr**, placée dans la partie supérieure du pavé directionnel, et **Inser**, située elle aussi dans la partie supérieure du pavé directionnel.
- Touches qui modifient l'état du clavier : **Verr Maj** et **Verr Num** sont les deux principales. Située au début de la troisième ligne du pavé central, la touche **Verr Maj** bascule le clavier en mode Majuscules et permet aussi souvent de quitter celui-ci. Placée dans l'angle supérieur gauche du pavé numérique, la touche **Verr Num** sert à verrouiller et déverrouiller ce pavé.

Menu contextuel

Menu qui apparaît à la suite d'un clic avec le bouton droit de la souris sur un élément ou un texte, sélectionné ou non, ou à la suite d'un appui sur la touche **Application**, située dans la partie droite de la dernière ligne du pavé central. Chaque menu contextuel réunit les commandes les plus employées avec le type d'élément sélectionné ou sur lequel vous cliquez, évitant donc des détours par la barre de menus en haut de la fenêtre.

- Touches Windows : au nombre de trois, situées de part et d'autre de la **barre d'espace**, ces touches permettent d'afficher le menu **démarrer** et le menu contextuel associé à l'élément en cours.

Quelques touches échappent à cette classification. Si votre mémoire est bonne, vous constaterez d'ailleurs qu'elles ne vous sont pas inconnues…

- La touche **Entrée** : nous avons déjà vu que cette touche permettait de commencer une nouvelle ligne. Dans certains cas, vous pouvez également y recourir pour valider une action. Par exemple, il est souvent possible de taper la touche **Entrée** au lieu de cliquer sur le bouton **OK** pour fermer une boîte de dialogue en appliquant son paramétrage.

- Certaines touches du pavé numérique : rassemblez vos souvenirs… ces touches vous ont déjà été présentées dans l'encart « Des touches multifonctions » au début de ce chapitre. Pour résumer, celles qui sont marquées de deux caractères entraînent un déplacement du point d'insertion ou une suppression de caractère quand le pavé numérique est verrouillé. Les touches où figure un opérateur exécutent quant à elles l'opération mathématique correspondante lorsque vous travaillez dans un logiciel de calcul.

Présentation détaillée des différentes touches

Comme nous l'avons vu au chapitre 1, le clavier se scinde en quatre parties principales : les touches de fonction, le pavé central, le pavé directionnel et le pavé numérique. À cela s'ajoutent quatre touches placées de part et d'autre des touches de fonction : **Echap**, **Impr écran**, **Arrêt défil** et **Pause**. Cette section vous emmène à la découverte de chacune de ces touches. Une excellente manière de parfaire les connaissances acquises dans le début de ce chapitre !

note

Par la suite, n'hésitez pas à utiliser cette section comme un aide-mémoire. Au moindre doute sur le rôle d'une touche, servez-vous de l'index à la fin du livre pour localiser la page où elle est abordée, puis lisez les quelques lignes qui y sont consacrées. Les deux ou trois minutes que vous consacrerez à cette petite révision vous permettront de mémoriser rapidement le rôle de la touche et de ne plus vous retrouver bloqué ensuite pendant la saisie d'un texte ou le déplacement dans un document, par exemple.

Touches de fonction

Situées dans la partie supérieure du clavier, les 12 touches de fonction portent un nom qui commence par un F (devinez pourquoi… !), suivi d'un numéro sériel. Chacune exécute une action particulière qui dépend du programme dans lequel vous travaillez. Voyons 12 exemples qui devraient vous faire aimer ces touches malheureusement si souvent sous-exploitées.

- **F1** : dans la plupart des logiciels, y compris Windows quand le bureau est affiché, taper cette touche ouvre l'aide en ligne du programme.
- **F2** : quand un nom de fichier ou de dossier est sélectionné dans l'Explorateur Windows ou dans une boîte de dialogue de gestion de fichiers, comme **Ouvrir** ou **Enregistrer sous**, cette touche bascule le nom de l'élément en mode édition, permettant ainsi de le renommer.
- **F3** : quand vous vous trouvez dans l'Explorateur Windows, taper cette touche ouvre le volet dédié à la recherche de fichiers.
- **F4** : quand vous travaillez dans un document Microsoft Word, taper cette touche répète la dernière action que vous venez de réaliser. Par exemple, si vous appuyez successivement sur les touches **T**, **O**, **C** et la **barre d'espace** pour saisir *toc* suivi d'un espace, et si vous tapez ensuite la touche **F4**, Word insère de nouveau les trois lettres et l'espace. Une manière très rapide de saisir l'onomatopée *toc toc*, donc.
- **F5** : quand vous travaillez dans Outlook Express, taper cette touche déclenche l'expédition des messages présents dans la Boîte d'envoi et le téléchargement des courriers que vous avez reçus.
- **F6** : quand vous travaillez dans un programme dans lequel plusieurs fichiers sont ouverts, taper cette touche tout en maintenant la touche **Ctrl** enfoncée permet d'afficher le fichier suivant. Cet exemple montre que les touches de fonction peuvent aussi s'employer dans

le cadre de raccourcis clavier. Vous souvenez-vous de ces précieux outils ? Ils consistent à appuyer simultanément sur plusieurs touches pour déclencher une action particulière. Ainsi, **Ctrl+F6** affiche au premier plan la fenêtre du fichier suivant celui en cours dans le programme actuel.

- **F7** : quand vous travaillez dans un document Microsoft Word, taper cette touche démarre le vérificateur d'orthographe et de grammaire.
- **F8** : quand vous travaillez dans un document Microsoft Word, taper cette touche active le mode Extension qui permet de sélectionner du texte aisément depuis le clavier sans utiliser la touche **Maj**. Si vous vous amusez à tester cette fonction, n'oubliez pas d'appuyer ensuite sur la touche **Echap** dans l'angle supérieur gauche du clavier pour la désactiver. Vous risqueriez sinon d'avoir de mauvaises surprises !
- **F9** : quand vous avez créé une table des matières ou un index dans un document Microsoft Word et que vous cliquez dedans ou que vous la ou le sélectionnez, taper cette touche actualise l'élément. En d'autres termes, si vous avez modifié un titre ou une entrée d'index dans le corps du document, vous n'avez pas besoin de créer un nouveau sommaire ou index : il suffit de le mettre à jour grâce à la touche **F9**.
- **F10** : quel que soit le programme ouvert, taper cette touche active le premier menu de la barre de menus en haut de la fenêtre. Vous pouvez ensuite appuyer sur la touche **Flèche Bas** dans la partie inférieure du pavé directionnel pour dérouler le menu et y sélectionner une commande, ou utiliser d'abord la touche **Flèche Gauche** pour activer un autre menu. Dès lors qu'une commande est sélectionnée, il vous suffit de taper la touche **Entrée** pour l'exécuter.

- **F11** : quand vous vous trouvez dans l'Explorateur Windows, taper cette touche bascule successivement entre les affichages en mode normal et en mode Plein écran. En plus d'apprendre le rôle de cette touche, peut-être allez-vous même découvrir un nouvel aspect de l'Explorateur. Quelle chance !

- **F12** : dans de nombreux logiciels, taper cette touche ouvre une boîte de dialogue dédiée à l'enregistrement du fichier en cours.

Touches du pavé central

S'il est un lieu du clavier à ne pas contourner, il s'agit bien du pavé central. En fait, celui-ci pourrait vous suffire la plupart du temps. Bien sûr, vos conditions de travail deviendraient moins conviviales. Une chose est sûre, en tout cas : maîtrisez cette partie du clavier sur le bout des doigts et vous passerez partout !

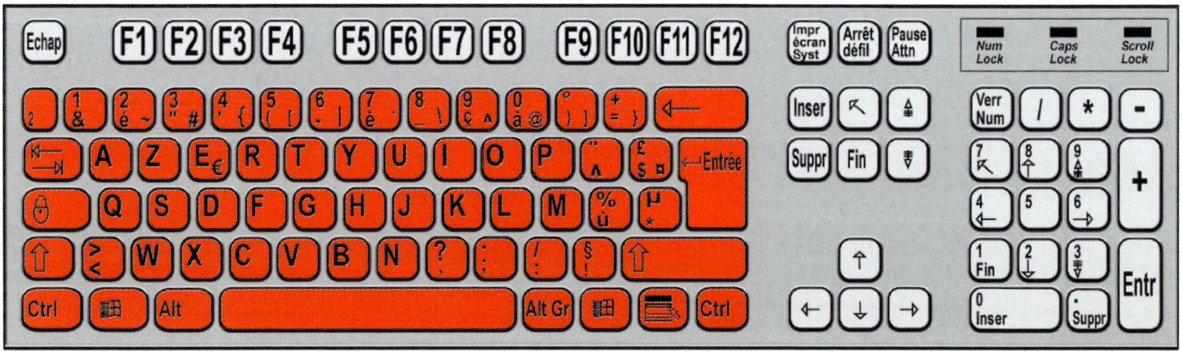

Le pavé central réunit toutes les touches indispensables à la saisie. Des lettres minuscules aux chiffres, en passant par les signes de ponctuation et les caractères spéciaux de notre langue, rien ne lui échappe. Voyons ceci en détail.

Touches marquées des lettres de l'alphabet

Vous vous en doutiez, ces touches sont au nombre de 26. Il vous suffit de taper l'une d'elles et de la relâcher pour saisir le caractère qui figure dessus. Attention, ne vous y trompez pas : cette lettre apparaît toujours en minuscule, même si elle est inscrite en capitale sur la touche. Vous verrez dans quelques instants que les majuscules s'obtiennent grâce à la touche **Maj**, située elle aussi dans le pavé central.

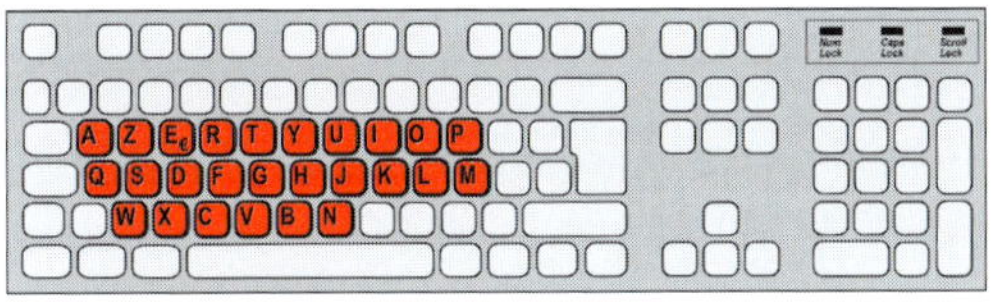

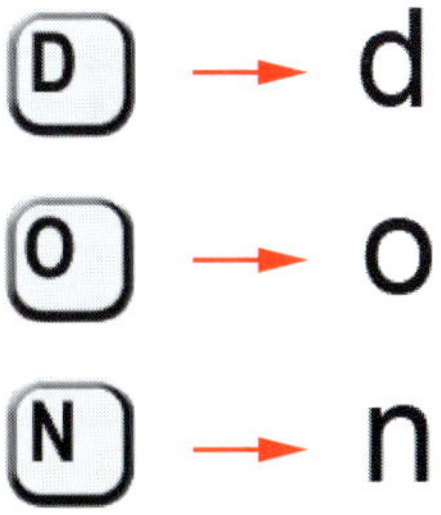

J'aimerais simplement attirer votre attention sur la touche **E**, qui avait d'ailleurs peut-être déjà éveillé votre curiosité. Dans son angle inférieur droit figure le symbole de l'euro (€). Lorsque vous tapez la touche, vous saisissez un e. Le € n'est pourtant pas là qu'à titre décoratif… Pour l'obtenir à l'écran, vous devez appuyer simultanément sur cette touche **E** et sur la touche **Alt Gr**, située à droite de la **barre d'espace**. Nous avions déjà abordé le rôle de cette précieuse touche **Alt Gr** dans la première section de ce chapitre, mais nous y reviendrons en détail tout à l'heure.

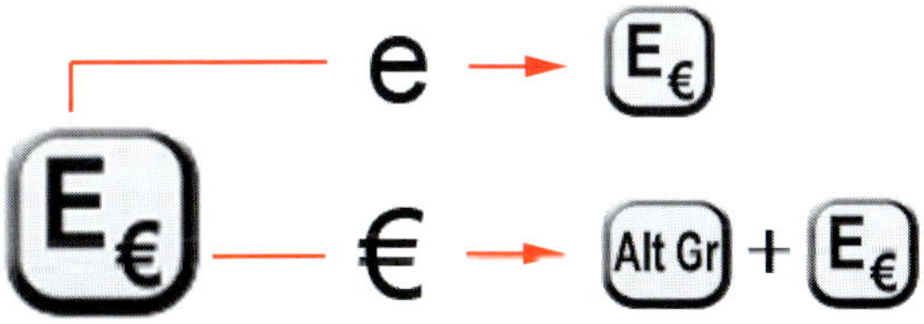

Touches marquées de chiffres, de caractères spéciaux ou de signes de ponctuation

Outre les 26 lettres de l'alphabet, le pavé central permet de saisir toutes sortes de caractères :

- des lettres particulières, comme des caractères accentués et des symboles monétaires, avec les touches **1**, **2**, **7**, **9**, **0**, **$**, **ù** et **µ** ;
- des chiffres, avec les touches **?**, **1**, **2**, **3**, **4**, **5**, **6**, **7**, **8**, **9** et **0** ;
- des caractères d'accentuation, à savoir le tilde, l'accent circonflexe, l'accent grave et le tréma, avec les touches **2**, **7** et **¨**.
- des signes de ponctuation, comme le point et la virgule, avec les touches **,**, **;**, **:** et **!** ;
- des symboles ou caractères spéciaux, comme des parenthèses, des opérateurs mathématiques ou un astérisque, avec les touches **3**, **4**, **5**, **6**, **8**, **0**, **)**, **=**, **$**, **ù**, *****, **<** et **!**.

Parmi toutes ces touches, une seule est marquée d'un caractère unique : **²**, au début de la première ligne du pavé central. Mais pourquoi deux touches marquées d'un 2, me direz-vous ? Pas de confusion : la touche **²** insère un 2 inscrit en exposant, tandis que la touche **2**, située à deux touches de là, produit un 2 normal. Pour saisir un 2 en exposant, il vous suffit donc de taper la touche **²**.

Reste maintenant à savoir comment obtenir le caractère souhaité quand une touche en affiche plusieurs. Certaines touches permettent en effet de saisir pas moins de 3 caractères. Avec la touche **5**, par exemple, vous pouvez taper un 5, une parenthèse ouvrante (et un crochet ouvrant [. Rassurez-vous : la situation est beaucoup plus simple qu'elle n'y paraît. Que les touches soient marquées de deux ou trois caractères, il vous suffit de maîtriser trois petites règles déjà abordées dans la première section de ce chapitre.

- Pour saisir le caractère situé dans l'angle inférieur gauche d'une touche, tapez simplement cette dernière. Par exemple, pour obtenir une apostrophe, appuyez sur la touche **3** et relâchez-la. Pour saisir un point d'exclamation, tapez la touche **!** dans la partie droite de l'avant-dernière ligne du pavé central et relâchez-la.

- Pour saisir le caractère situé dans l'angle supérieur gauche d'une touche, appuyez simultanément sur cette dernière et sur la touche **Maj**, située au début de l'avant-dernière ligne du pavé central. Par exemple, pour obtenir un 7, appuyez sur la touche **Maj** et maintenez-la enfoncée. Sans la relâcher, tapez la touche **7**, puis relâchez les deux touches. Pour saisir un point d'interrogation, appuyez sur la touche **Maj** et, en la maintenant toujours enfoncée, tapez la touche **,** dans l'avant-dernière ligne du pavé central ; relâchez ensuite les deux touches.

- Pour saisir le caractère situé dans l'angle inférieur droit d'une touche, appuyez simultanément sur cette dernière et sur la touche **Alt Gr**, située à droite de la **barre d'espace**. Par exemple, pour obtenir une accolade fermante }, appuyez sur la touche **Alt Gr** et, en la maintenant toujours enfoncée, tapez la touche **=** dans la partie droite de la première ligne du pavé central ; relâchez ensuite les deux touches.

Rien de bien compliqué, n'est-ce pas ? D'ailleurs, si je vous demande comment saisir un crochet fermant, je suis sûre que vous allez me donner la réponse sans hésitation. Il suffit en effet de taper la touche **)** tout en maintenant la touche **Alt Gr** enfoncée, puis de relâcher les deux touches. Et le point final ? Eh oui, il faut appuyer simultanément sur la touche **;** et sur la touche **Maj**, cette fois, puis relâcher les deux touches. Passons maintenant les touches particulières du pavé central en revue.

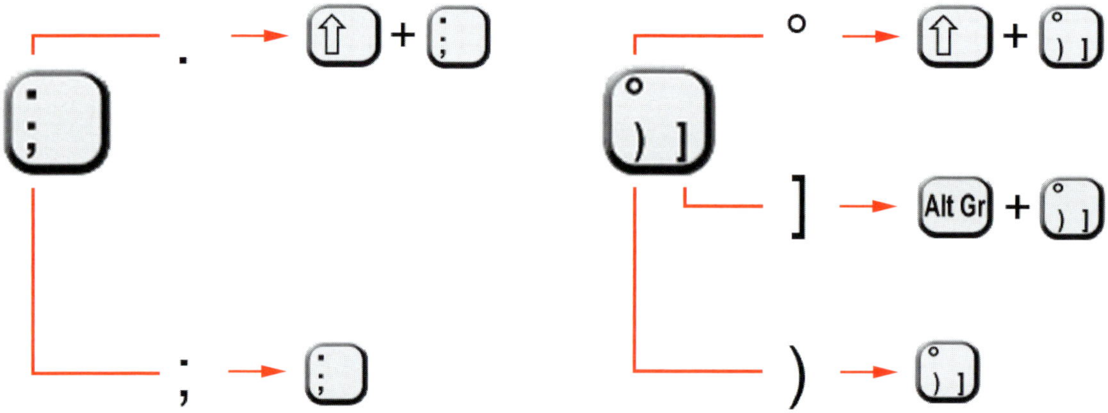

Touche Retour arrière

Souvent marquée d'une flèche orientée vers la gauche et située à l'extrême droite de la première ligne du pavé central, la touche **Retour arrière** se différencie aisément des touches standard grâce à sa longueur plus importante. Comme son nom l'indique, elle vous permet de faire marche arrière en supprimant un objet ou un texte ajouté à tort. Vous pouvez l'utiliser de deux manières :

- Quand un élément textuel ou graphique est sélectionné, taper la touche **Retour arrière** et la relâcher efface ce texte ou cette image.

- Quand le point d'insertion se trouve dans un texte, appuyer sur la touche **Retour arrière** et la relâcher efface le caractère qui précède ce point. Amusez-vous par exemple à saisir le mot *plant* en tapant successivement les touches **P**, **L**, **A**, **N** et **T**, puis à appuyer aussitôt après sur la touche **Retour arrière** et à la relâcher : vous quitterez instantanément le *plant* de tomates du jardinier pour le *plan* d'architecte !

Pointeur et point d'insertion

Bien que leur nom semble assez proche à l'oreille, le « pointeur » et le « point d'insertion » désignent deux éléments radicalement différents. Ne vous laissez pas induire en erreur !

- Le **pointeur** correspond à l'icône qui matérialise l'emplacement de la souris à l'écran. Le plus souvent, il possède la forme d'une flèche ou, lorsqu'il se trouve au-dessus d'un texte, d'un I majuscule.

- Le **point d'insertion** indique l'endroit où apparaît le caractère que vous êtes sur le point de saisir ou tout autre élément que vous allez insérer, comme une image. Il est représenté par un trait vertical clignotant.

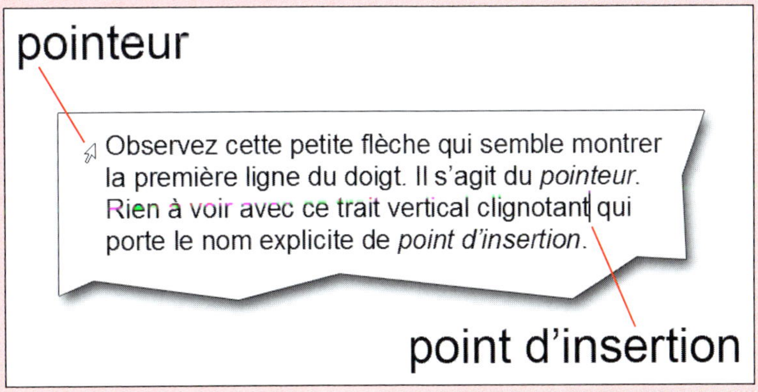

Touche Tab

Difficile de deviner le rôle de la touche **Tab** en regardant cette touche placée au début de la deuxième ligne du pavé central et souvent marquée de deux flèches orientées l'une vers la gauche et l'autre vers la droite. Et si je vous disais que *Tab* est l'abréviation de *Tabulation* ? Tout devient beaucoup plus clair ! Cette touche permet en effet de déplacer le texte ou tout autre élément qui la suit à une position précise, définie par un taquet de tabulation. Elle sert le plus souvent à disposer des textes courts en colonnes dans des documents.

Lorsque vous tapez la touche **Tab** et que vous la relâchez après avoir saisi le texte de la première ligne de la première colonne, le logiciel insère un espace aussi grand que nécessaire pour que le point d'insertion atteigne la position spécifiée par le taquet de tabulation suivant. Il ne vous reste plus alors qu'à saisir le texte de la deuxième colonne. À chaque nouvelle ligne, le programme ajuste l'importance de l'espace à ajouter après le texte de la première colonne pour que tous les textes de la deuxième colonne commencent exactement au niveau du taquet de tabulation.

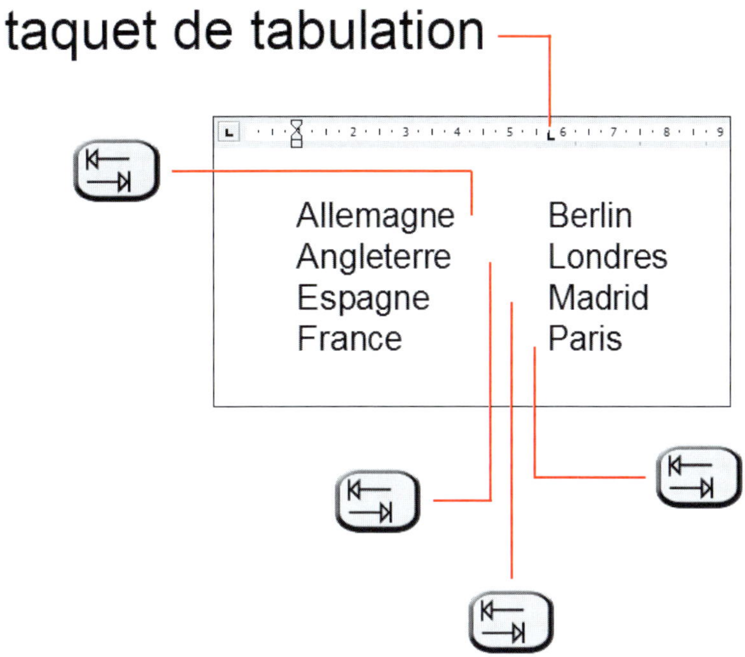

Outre l'ajout d'une tabulation, la touche **Tab** possède deux autres applications très intéressantes :

- Dans un tableau Microsoft Word ou une feuille de calcul Microsoft Excel, taper puis relâcher la touche **Tab** déplace le point d'insertion dans la cellule suivante.
- Dans une boîte de dialogue, taper puis relâcher la touche **Tab** active l'option suivant celle qui est actuellement activée.

Touche Entrée

Grosse touche située dans la partie droite du pavé central, la touche **Entrée** est souvent marquée d'une flèche coudée orientée vers la gauche. Elle assure deux fonctions majeures.

- Lorsque vous tapez la touche **Entrée** et que vous la relâchez pendant la saisie d'un texte dans un document, vous obligez le programme à commencer une nouvelle ligne en créant un nouveau paragraphe (exactement comme la touche Retour chariot d'une machine à écrire). Quand les caractères non imprimables sont visibles à l'écran, cette action est matérialisée par une marque de paragraphe (¶). Cette dernière n'apparaît pas sur la sortie papier du document.
- Dans d'autres contextes que la saisie, la touche **Entrée** sert à valider une action. Quand une boîte de dialogue est ouverte, par exemple, appuyer sur cette touche et la relâcher revient à cliquer sur le bouton **OK**. Si vous tapez la touche **Entrée** et si vous la relâchez après avoir saisi une adresse Web dans la barre d'adresses de votre navigateur, vous accédez sur-le-champ au site correspondant (à condition d'être connecté à l'Internet, bien sûr !). Un dernier exemple pour vous convaincre de la toute-puissance de cette touche : appuyer dessus et la relâcher après la saisie d'une formule dans une cellule d'une feuille de calcul Microsoft Excel déclenche l'exécution du calcul par le logiciel.

Touche Verr Maj

Située au début de la troisième ligne du pavé central, la touche **Verr Maj** est souvent marquée d'un petit cadenas. Un symbole qui se justifie aisément quand on connaît l'intitulé développé de la touche… Avez-vous une idée de la signification de « Verr » ? « Verrouiller », effectivement. Et si je vous dis maintenant que « Maj » est l'abréviation de « Majuscules », vous commencez nécessairement à entrevoir le rôle de cette touche. Elle verrouille le mode Majuscules. Autrement dit, elle permet de saisir des caractères majuscules sans

Des caractères invisibles mais bien présents

Plusieurs touches du clavier saisissent des caractères qualifiés de « non imprimables ». Cela signifie qu'ils n'apparaissent jamais dans les sorties papier des documents (ni dans les pages Web, d'ailleurs). Vous pouvez néanmoins choisir de les afficher à l'écran pour bien les visualiser. Dans un logiciel comme Microsoft Word, il vous suffit de cliquer sur le bouton **Afficher/Masquer ¶** dans la barre d'outils **Standard**. Par la suite, vous pourrez cliquer de nouveau sur ce même bouton pour masquer de nouveau les caractères non imprimables et bénéficier d'une meilleure lisibilité.

Vous souvenez-vous de quelques caractères non imprimables déjà mentionnés dans le début de ce chapitre ? Voici les trois principaux :

- l'espace, inséré par la **barre d'espace** et matérialisé par un point ;
- la fin d'un paragraphe, insérée par la touche **Entrée** et matérialisée par une marque de paragraphe ;
- la tabulation, insérée par la touche **Tab** (située au début de la deuxième ligne du pavé central) et matérialisée par une flèche orientée vers la droite.

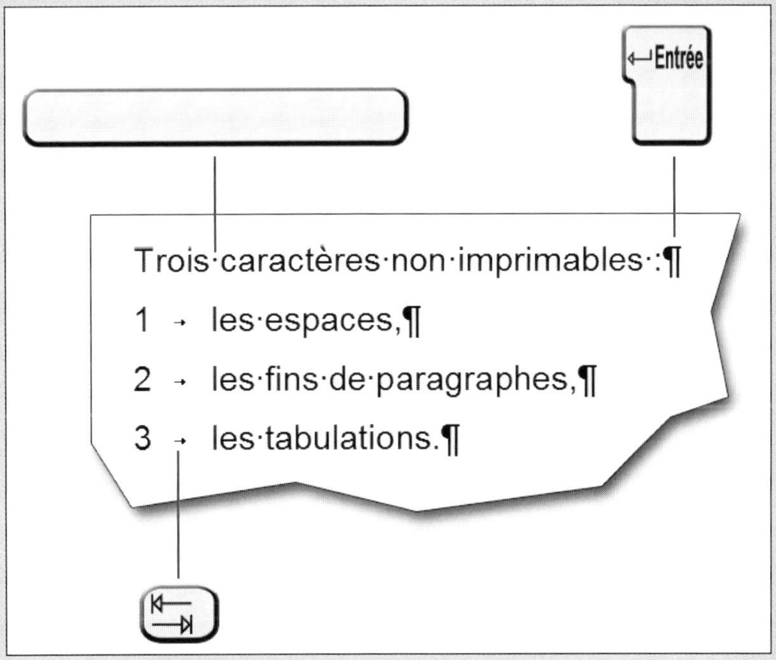

maintenir la touche **Maj** enfoncée. Une belle aubaine lorsque vous devez saisir des mots entiers en lettres capitales !

Quand le mode Majuscules est activé, le témoin **Caps Lock** s'allume dans l'angle supérieur droit du clavier. Lorsque les caractères affichés à l'écran ne correspondent pas à ce que vous vouliez saisir, observez ce témoin : peut-être avez-vous verrouillé ce mode par mégarde. Ce serait le cas, par exemple, si vous obteniez *J24CRIS* alors que vous pensiez avoir tapé *j'écris.*

La manière de désactiver le mode Majuscules dépend des claviers. Sur certains, vous devez taper de nouveau la touche **Verr Maj** et la relâcher. Sur d'autres, il faut appuyer sur la touche **Maj** et la relâcher. Une fois le mode Majuscules désactivé, le témoin **Caps Lock** s'éteint.

Touche Maj

OÙ LA TROUVER ?

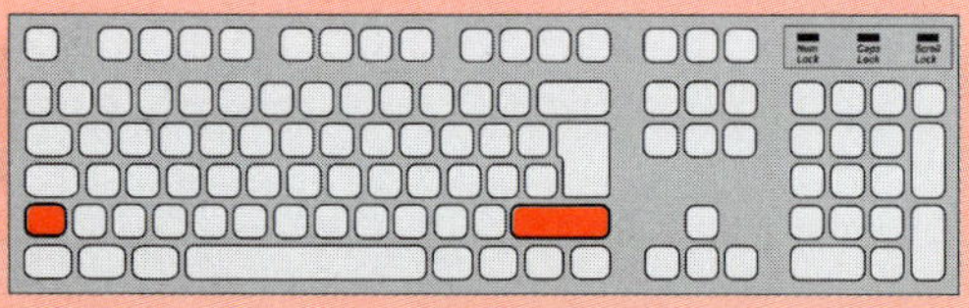

Souvent marquée d'une petite flèche orientée vers le haut, la touche **Maj** compte parmi les rares touches qui apparaissent en double sur le clavier. Un premier exemplaire figure en effet au début de l'avant-dernière ligne du pavé central, et un deuxième, à la fin. Quel intérêt, me direz-vous ? Faciliter votre saisie, tout simplement ! Abréviation de « Majuscules », la touche **Maj** s'utilise obligatoirement en binôme : vous devez en effet la maintenir enfoncée pendant que vous tapez une autre touche pour obtenir un caractère majuscule. Selon l'emplacement de cette deuxième touche, vous pouvez choisir d'appuyer sur la touche **Maj** qui vous semble la plus opportune.

Sur le clavier, les caractères à saisir en mode Majuscules, c'est-à-dire avec la touche **Maj** enfoncée, ne se limitent pas aux 26 lettres de l'alphabet.

Dès lors qu'une touche du pavé central est marquée de plusieurs caractères, celui qui occupe l'angle supérieur gauche s'obtient en mode Majuscules. Autrement dit, pour saisir un B majuscule, par exemple, vous devez appuyer sur la touche **Maj** et, sans la relâcher, taper la touche **B**, puis relâcher les deux touches. Pour produire un 6, il faut de même appuyer sur la touche **6** tout en maintenant la touche **Maj** enfoncée. Et comment saisiriez-vous le signe pour cent ? Effectivement : appuyez sur la touche **Maj** et, sans la relâcher, tapez la touche **%**, puis relâchez les deux touches. La touche **Maj** n'a cette fois plus aucun secret pour vous.

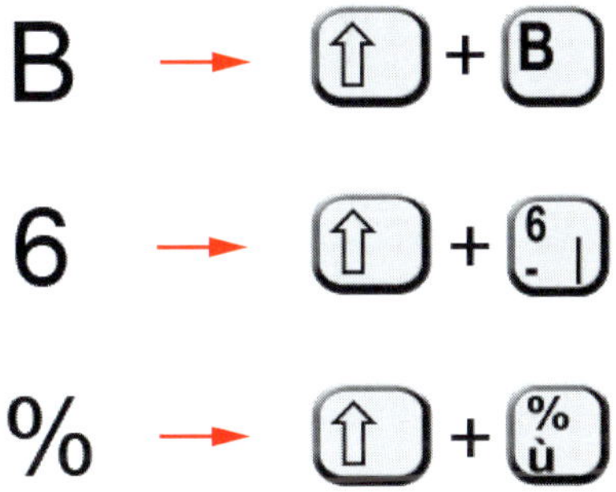

note Bien qu'il ne s'agisse pas de sa fonction première, la touche **Maj** intervient dans de nombreux raccourcis clavier. Dans un texte, par exemple, taper la touche **Flèche Droite** (dans la dernière ligne du pavé directionnel) tout en maintenant la touche **Maj** enfoncée permet de sélectionner le caractère qui suit le point d'insertion.

Touche Ctrl

Quelle drôle d'idée d'avoir choisi quatre consonnes pour un nom de touche ! Pas si drôle que ça, en fait. Il ne s'agit pas de quatre lettres juxtaposées au hasard, mais de l'abréviation de « Contrôle ». D'ailleurs, la touche **Ctrl** ne se prononce pas « cétéèrèl », mais bien « contrôle ».

Cette dénomination vient du fait que la touche **Ctrl** sert à exécuter diverses commandes. Pour cela, vous devez toujours l'employer conjointement à au moins une autre touche. Cela ne vous rappelle-t-il pas un outil déjà vu dans ce chapitre ? Les raccourcis clavier, bien sûr ! Ces combinaisons de touches très utiles permettent d'exécuter une commande directement depuis le clavier, sans cliquer sur aucun nom de menu avec la souris. Par exemple, quand un texte est sélectionné dans un document Microsoft Word, vous pouvez le mettre en gras sans passer par le menu **Format** ni la barre d'outils **Mise en forme**. Appuyez sur la touche **Ctrl** et, en la maintenant toujours enfoncée, tapez la touche **G** et relâchez-la. Relâchez ensuite la touche **Ctrl**.

Vous aurez constaté que le clavier propose deux touches **Ctrl** : une à l'extrême gauche de la dernière ligne du pavé central, et une à l'extrême droite. Chacune joue exactement le même rôle. Simplement, selon la touche que vous devez taper simultanément, l'une des deux touches **Ctrl** se révèle plus facile à utiliser que l'autre. Par exemple, si vous travaillez dans un document Word, il est probable que vous n'utiliserez pas la même touche **Ctrl** pour le raccourci Ctrl+Entrée que pour le raccourci Ctrl+A.

note Dans un document Word, taper la touche **Entrée** tout en maintenant la touche **Ctrl** enfoncée commence une nouvelle page. Appuyer simultanément sur les touches **Ctrl** et **A** sélectionne tout le contenu du document.

Touche Windows

Existant en deux exemplaires situés dans la dernière ligne du pavé central, de part et d'autre de la **barre d'espace**, la touche **Windows** s'identifie au premier coup d'œil, puisqu'elle est marquée du logo bien connu de Windows. Elle joue évidemment un rôle directement lié à Windows.

Essayez donc de la taper et de la relâcher… Miracle, le menu **démarrer** apparaît !

Au-delà de cette fonction principale, la touche **Windows** s'emploie dans divers raccourcis clavier pour afficher des composants de Windows. Si vous la maintenez enfoncée et si vous tapez la touche **D**, par exemple, le bureau apparaît instantanément ; tous les programmes ouverts sont réduits à l'état de boutons dans la barre des tâches. Autre raccourci très utile : appuyer sur la touche **E** en maintenant la touche **Windows** enfoncée affiche l'Explorateur Windows.

Touche Alt

Située à gauche de la **barre d'espace**, la touche **Alt** porte un nom qui correspond à l'abréviation de « alternatif ». Comme la touche **Ctrl** vue précédemment, elle ne s'emploie jamais seule.

En matière de saisie, la touche **Alt** s'utilise conjointement à une touche chiffrée du pavé numérique pour insérer des caractères spéciaux absents du clavier. Plus précisément, vous devez la maintenir enfoncée pendant que vous tapez la touche **0**, puis les touches correspondant au *code ASCII* du caractère. Ne vous étouffez pas, je vous explique de ce pas ce que cache ce code ! ASCII *(American Standard Code for Information Exchange)* désigne une norme américaine qui définit un code numérique pour chaque caractère de texte, chaque signe de ponctuation et divers symboles. Par exemple, 169 correspond au symbole de copyright ©, et 165, au symbole du yen ¥. Grâce à ce standard, un même fichier peut être interprété et lu par de nombreux programmes et ordinateurs différents.

Mais revenons à notre touche **Alt** et à la saisie de caractères spéciaux. Avant de pouvoir utiliser le pavé numérique, vous devez vous assurer qu'il est verrouillé, c'est-à-dire que le témoin **Num Lock** est allumé. S'il ne l'est pas, tapez la touche **Verr Num** dans l'angle supérieur gauche du pavé. Appuyez ensuite sur la touche **Alt** et, en la maintenant toujours enfoncée, tapez la touche **0** dans le pavé numérique, puis les touches des chiffres constituant le code ASCII du caractère à obtenir. Par exemple, tapez les touches **1**, **5** et **6** pour saisir un œ, ou **2**, **4** et **8** pour produire un ø. Vous pouvez aussi saisir un symbole mathématique comme ± en appuyant une fois sur la touche **1** et deux fois sur la touche **7**. Après avoir tapé les touches du code, relâchez la touche **Alt**.

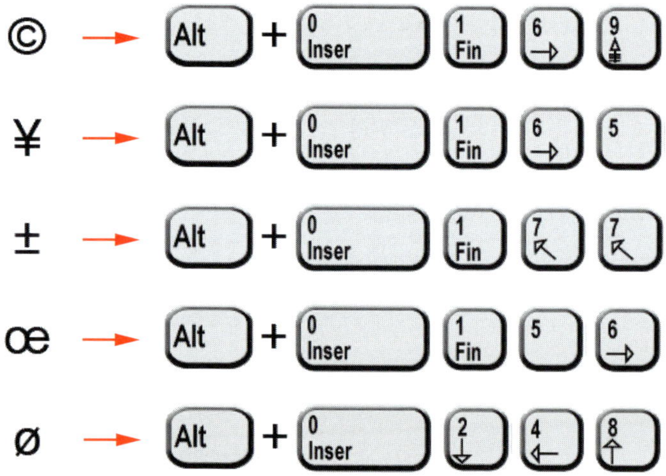

note Pour trouver le code d'un caractère particulier, il vous suffit de cliquer sur **démarrer → Tous les programmes → Accessoires → Outils système → Table des caractères**, puis sur le caractère en question dans la Table des caractères de Windows : le code ASCII correspondant apparaît alors en bas à droite de la fenêtre.

Au-delà des opérations de saisie, la touche **Alt** permet de dérouler un menu, d'exécuter une commande de menu ou d'activer une option dans une boîte de dialogue sans effectuer le moindre clic. Le secret ? Observez n'importe quel menu de programme. Vous êtes-vous jamais demandé à quoi servait le soulignement de certaines lettres ? Voici enfin la réponse : si vous tapez la touche d'une telle lettre dans le pavé central tout en maintenant la touche **Alt** enfoncée, vous déroulez le menu correspondant. Par exemple, taper la touche **O** en maintenant la touche **Alt** enfoncée dans Outlook Express affiche le menu **Outils**. Selon le même principe, appuyer sur la touche **N** tout en maintenant la touche **Alt** enfoncée dans la fenêtre du Centre d'aide et de support de Windows fait apparaître l'index de l'aide en ligne, exactement comme si vous aviez cliqué sur le bouton **Index**.

Touche Alt Gr

Située à droite de la **barre d'espace**, la touche **Alt Gr** réunit deux touches en une. Appuyer dessus revient en effet à taper simultanément les touches **Ctrl** et **Alt**, placées elles aussi dans la dernière ligne du pavé central. La touche **Alt Gr** vous permet donc de laisser un doigt de plus au repos ! Cet avantage est loin d'être négligeable, puisque cette touche ne s'utilise jamais seule. Si elle intervient dans quelques raccourcis clavier, elle sert avant tout à saisir le caractère situé dans l'angle inférieur droit de la touche **E** et, surtout, des touches marquées de trois caractères. Par exemple, pour saisir une accolade ouvrante {, vous devez appuyer sur la touche **Alt Gr** et, sans la relâcher, taper la touche **4** dans la première ligne du pavé central, puis relâcher les deux touches. Vous pouvez aussi produire l'arobase @ en tapant la touche **0** dans la première ligne du pavé central tout en maintenant la touche **Alt Gr** enfoncée.

{ → Alt Gr + 4 ' {

@ → Alt Gr + 0 à @

\ → Alt Gr + 8 _ \

Touche Application

Située dans la partie droite de la dernière ligne du pavé central, la touche **Application** produit exactement l'effet illustré par son icône (un petit menu et un pointeur) : elle affiche le *menu contextuel* d'un élément graphique ou textuel, comme si vous cliquiez sur ce dernier avec le bouton droit de la souris. Ce menu répertorie les commandes les plus utilisées avec l'objet ou le texte en question. Par exemple, si vous sélectionnez un mot dans un document Microsoft Word et si vous tapez puis relâchez la touche **Application**, le menu contextuel qui apparaît permet entre autres de copier le terme, de le mettre en forme et d'en rechercher des synonymes. Si vous sélectionnez l'icône de la Corbeille sur le bureau et si vous appuyez sur la touche **Application**, en revanche, le menu qui s'affiche ne propose pas du tout le même genre de commandes : celles-ci concernent directement les tâches réalisables avec la Corbeille.

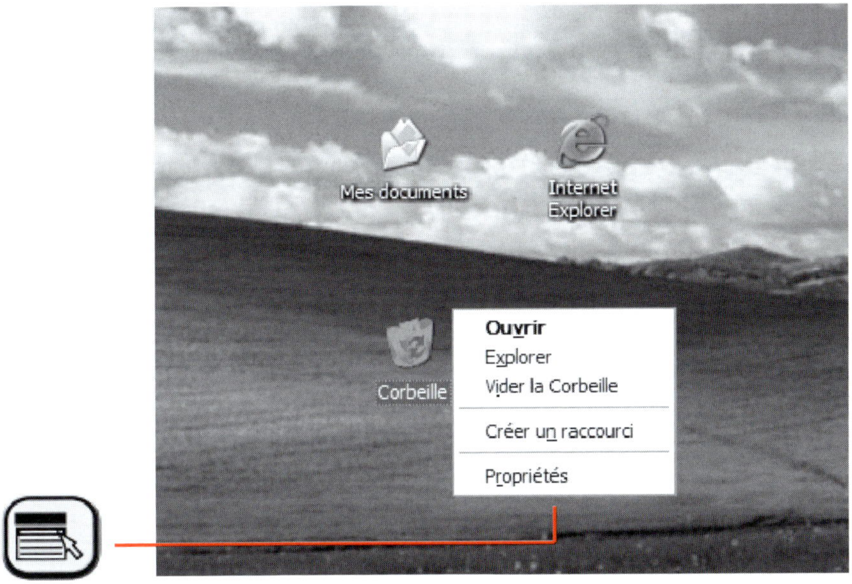

Touches du pavé directionnel

Situé entre le pavé central et le pavé numérique, le pavé directionnel porte très bien son nom, puisque huit des dix touches qu'il renferme servent à se déplacer au sein d'un document ou à déplacer des éléments sélectionnés. Les deux autres s'utilisent pour supprimer du texte ou des objets. Voyons ceci en détail.

Touches dédiées au déplacement

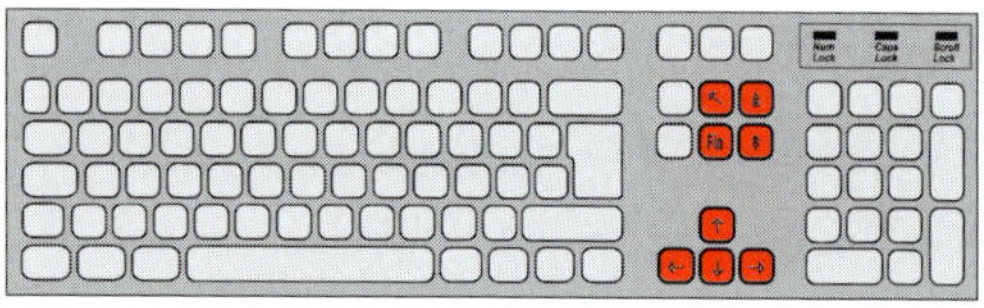

Si les quatre touches **Origine**, **Fin**, **PgPr** et **PgSv** situées dans la partie supérieure du pavé directionnel permettent des déplacements plus rapides que les touches **Flèche Haut**, **Flèche Bas**, **Flèche Gauche** et **Flèche Droite** placées au-dessous, celles-ci peuvent en revanche assumer davantage de rôles.

Comme leur nom l'indique, les touches **Origine** (souvent marquée d'une flèche orientée vers le haut et la gauche) et **Fin** permettent d'atteindre le début ou la fin d'un élément :

- Dans un texte, elles déplacent le point d'insertion respectivement au début ou à la fin de la ligne en cours.
- Dans une page Web, elles affichent respectivement le début ou la fin de cette page.

> **Point d'insertion**
>
> Trait vertical clignotant qui indique où s'insérera le caractère que vous allez saisir ou tout autre élément que vous allez ajouter.

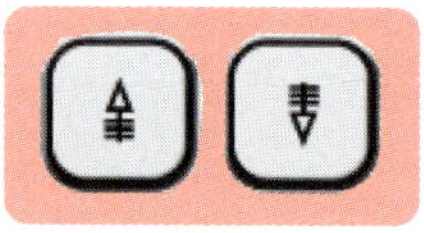

Pratiquement toujours marquées d'une flèche dont le corps est barré de petits traits et orientées respectivement vers le haut ou le bas, les touches **PgPr** et **PgSv** sont aussi parfois appelées Pg Préc et Pg Suiv, voire PgUp et PgDn (ces deux dernières appellations correspondent à la terminologie anglo-saxonne). Toutes ces dénominations correspondent à l'abréviation des deux mêmes expressions : « Page Précédente » et « Page Suivante ». Et voici que vous commencez à deviner le rôle de ces touches… Je vous le confirme : les touches **PgPr** et **PgSv** font défiler le document ou la page Web en cours d'un écran vers le haut ou le bas, respectivement.

Marquées chacune d'une flèche simple et orientée respectivement vers le haut, le bas, la gauche et la droite, les touches **Flèche Haut**, **Flèche**

Bas, **Flèche Gauche** et **Flèche Droite** permettent des déplacements très progressifs au sein d'un document, certes, mais aussi d'objets sélectionnés :

- Dans un texte, les touches **Flèche Haut** et **Flèche Bas** déplacent le point d'insertion d'une ligne vers le haut ou le bas, respectivement. Les touches **Flèche Gauche** et **Flèche Droite** le décalent respectivement d'un caractère vers la gauche ou la droite. Par exemple, si le point d'insertion se trouve après le N de *Bonjour* et si vous tapez trois fois la touche **Flèche Gauche**, le point d'insertion se retrouve au début du mot, avant le B.

- Dans une page Web, les touches **Flèche Haut** et **Flèche Bas** font défiler la page vers le début ou la fin, respectivement. Quand cette page est trop large pour apparaître en intégralité à l'écran, les touches **Flèche Gauche** et **Flèche Droite** la font défiler respectivement vers la gauche ou la droite.

Pixel

Petit carré qui constitue le composant minimal d'une image numérique.

- Dans de nombreux programmes, les touches **Flèche Haut**, **Flèche Bas**, **Flèche Gauche** et **Flèche Droite** permettent de déplacer un élément graphique sélectionné d'un pixel vers le haut, le bas, la gauche ou la droite, respectivement. Il peut notamment s'agir d'une partie d'illustration dans un logiciel de retouche d'images comme Adobe Photoshop Elements ou d'une image dans un fichier Microsoft Word.

Vous voici devenu maître dans l'art du déplacement sans souris ! En maîtrisant ces touches du pavé directionnel, vous éviterez non seulement des nombreux allers-retours entre le clavier et la souris, mais pourrez aussi déplacer le point d'insertion plus efficacement. Par exemple, il est souvent plus facile de taper la touche **Origine** et de la relâcher pour atteindre le début de la ligne de texte en cours que d'aller cliquer avant le premier caractère de cette phrase. De même, quand vous voulez simplement décaler le point d'insertion d'un ou deux caractères vers la droite, il est beaucoup plus rapide d'appuyer deux fois sur la touche **Flèche Droite** que d'aller saisir la souris et de cliquer à l'endroit requis (sans compter qu'un petit tremblement risque de vous faire cliquer à côté !).

note Les touches de déplacement interviennent dans de nombreux raccourcis clavier. Par exemple, taper la touche **Flèche Gauche** en maintenant la touche **Ctrl** (située dans la dernière ligne du pavé central) enfoncée dans un bloc de texte décale le point d'insertion au début du mot en cours ou, s'il se trouve déjà au début d'un mot, au début du mot précédent. De même, appuyer sur la touche **Fin** tout en maintenant la touche **Maj** (placée dans l'avant-dernière ligne du pavé central) enfoncée dans un bloc de texte sélectionne tous les caractères depuis celui qui suit le point d'insertion jusqu'au dernier de la ligne en cours.

Touches dédiées à la suppression

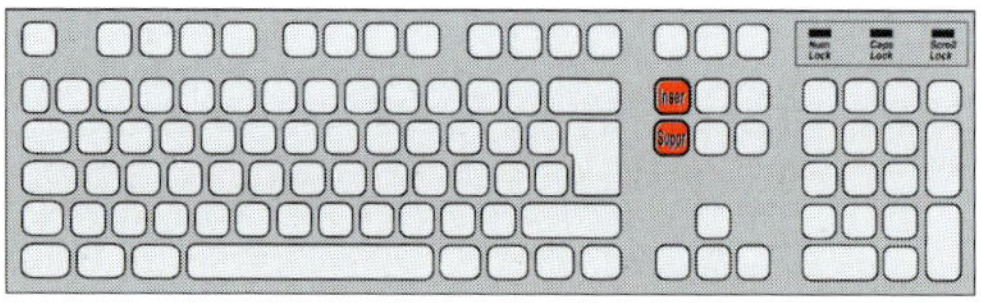

Le pavé directionnel ne propose que deux touches dédiées à la suppression de texte ou d'éléments : **Inser** et **Suppr**. Situées l'une au-dessus de l'autre dans la partie supérieure gauche du pavé, elles ne fonctionnent pas du tout de la même manière.

Commençons par la plus simple d'entre elles : la touche **Suppr**. Sans doute avez-vous une idée du terme auquel correspond l'abréviation « Suppr »… Il s'agit bien de « Supprimer », seule fonction de la touche **Suppr**. Cette suppression peut s'effectuer de deux manières :

- Quand un texte ou un élément est sélectionné, taper la touche **Suppr** efface ces caractères ou cet objet.

- Quand aucun texte ni élément n'est sélectionné, appuyer sur la touche **Suppr** efface le caractère ou l'objet qui suit le point d'insertion. Par exemple, lorsque le point d'insertion se trouve après le M de *mondain* et que vous tapez trois fois la touche **Suppr**, vous obtenez un mot avec une signification radicalement différente : *main*. À cet égard, la touche **Suppr** fonctionne exactement à l'inverse de la touche **Retour arrière** (située à la fin de la première ligne du pavé central), qui supprime le caractère ou l'élément précédant le point d'insertion.

Résumons-nous : la touche **Retour arrière** du pavé central permet de supprimer un élément sélectionné ou l'élément qui précède le point d'insertion, tandis que la touche **Suppr** du pavé directionnel permet d'effacer un élément sélectionné ou l'élément qui suit le point d'insertion. Quel peut alors être l'intérêt d'une troisième touche de suppression ? C'est ce que nous allons voir tout de suite, et vous constaterez que l'existence de la touche **Inser** est tout à fait justifiée.

« Inser » n'est autre que l'abréviation de « Insérer ». Étrange dénomination pour une touche censée supprimer des éléments, me direz-vous. Pas si bizarre que ça, en fait, puisque la touche **Inser** permet effectivement d'insérer du texte… tout en en supprimant. Je sens votre esprit en pleine ébullition ! Ne vous énervez pas : la touche **Inser** active et désactive un mode de saisie particulier, appelé *Refrappe*, dans lequel chaque caractère tapé efface et remplace celui qui suivait le point d'insertion. Par exemple, quand le mode Refrappe est activé, que le point d'insertion se trouve au début du mot *son* et que vous tapez les touches **O**, **U** et **F**, le terme *son* est remplacé par le mot *ouf*. De même, si vous appuyez sur les touches **R**, **A** et **B** lorsque le point d'insertion se trouve après le C de *cesse*, ce mot devient *crabe*.

La touche **Inser** fonctionne comme un bouton poussoir : la taper une première fois active le mode Refrappe, et la taper une seconde fois désactive ce mode. Aucun témoin du clavier n'indique si le mode Refrappe est activé ou non. En revanche, de nombreux programmes, comme Microsoft Word, affichent la mention RFP en gras dans la barre d'état, au bas de l'écran, dès que le mode Refrappe est activé. Sinon, lorsque des caractères semblent disparaître comme par enchantement dès que vous en tapez de nouveaux, vous pouvez en conclure que le mode Refrappe est activé. Dure manière de se confronter à la réalité, mais efficace !

Touches du pavé numérique

Situé dans la partie droite du clavier, le pavé numérique rappelle fortement le pavé d'une calculatrice, et pour cause : il permet à la fois de saisir des nombres et d'effectuer des calculs.

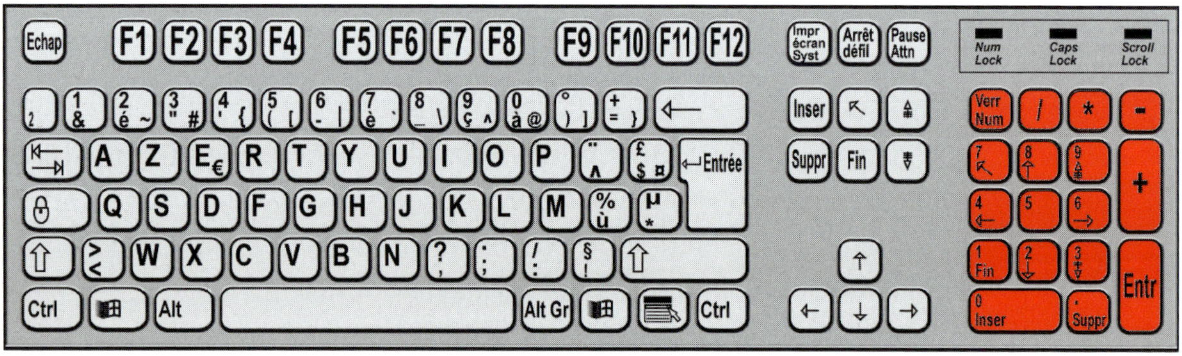

OÙ LA TROUVER ? Verr Num

Touche Verr Num

Située dans l'angle supérieur gauche du pavé numérique, la touche **Verr Num** joue un rôle fondamental, puisqu'elle permet de verrouiller et déverrouiller ce pavé et de lui conférer alors deux fonctions radicalement différentes :

- Quand le pavé numérique est verrouillé, il se transforme en calculatrice. Dans un programme de calcul, il permet alors d'effectuer des calculs, comme avec une véritable calculatrice. Dans les autres applications de type traitement de texte, il permet simplement de saisir des nombres et des opérateurs. Il vous suffit de taper la touche correspondante.

note Pour bien comprendre le rôle du pavé numérique comme calculatrice, vous pouvez utiliser la Calculatrice Windows. Cliquez sur **démarrer** → **Tous les programmes** → **Accessoires** → **Calculatrice**, puis tapez une banale opération en observant l'écran. Vous constaterez alors deux choses : d'une part, chaque appui sur une touche du pavé numérique enfonce la touche correspondante de la Calculatrice à l'écran, et d'autre part, les opérateurs ne s'affichent pas à l'écran, mais exécutent le calcul qu'ils matérialisent. Vous pensiez avoir acheté un simple clavier : vous possédez en fait un clavier et une calculatrice intégrée !

- Quand le pavé numérique est déverrouillé, ses touches marquées de deux caractères jouent le même rôle que les touches correspondantes du pavé directionnel. Par exemple, taper la touche **4** décale le point d'insertion d'un caractère vers la gauche, tandis qu'appuyer sur la touche **.** efface l'élément sélectionné ou le caractère qui suit le point d'insertion.

Bien que « Verr Num » soit simplement l'abréviation de « Verrouiller Numérique », la touche **Verr Num** sert à la fois à verrouiller et déverrouiller le pavé numérique (je me répète, mais cette information est essentielle). La taper désactive le pavé si celui-ci était verrouillé ; elle l'active en revanche s'il était déverrouillé. Pour connaître l'état du pavé numérique, pas besoin de dons de divination : regardez simplement le témoin **Num Lock** (équivalent anglo-saxon de « Verr Num ») au-dessus du pavé. Quand ce témoin est allumé, le pavé est verrouillé ; lorsqu'il est éteint, le pavé est... devinez... déverrouillé.

Touches d'opérateurs

Les quatre touches d'opérateurs situées dans la partie supérieure droite du pavé numérique (/, *, - et +) fonctionnent différemment selon le programme dans lequel vous travaillez. Dans un logiciel de calcul, elles réalisent les opérations correspondant au symbole qu'elles affichent. Dans les autres programmes, et notamment les traitements de texte comme Microsoft Word, elles insèrent le caractère qui figurent dessus.

- La touche **/** entraîne une division ou insère une barre oblique, symbole matérialisant une division.
- La touche ***** exécute une multiplication ou insère un astérisque, symbole matérialisant parfois un produit.
- La touche **-** entraîne une soustraction ou insère un signe moins, opérateur de soustraction.
- La touche **+** exécute une addition ou insère un signe plus, opérateur d'addition.

Touches marquées d'un chiffre

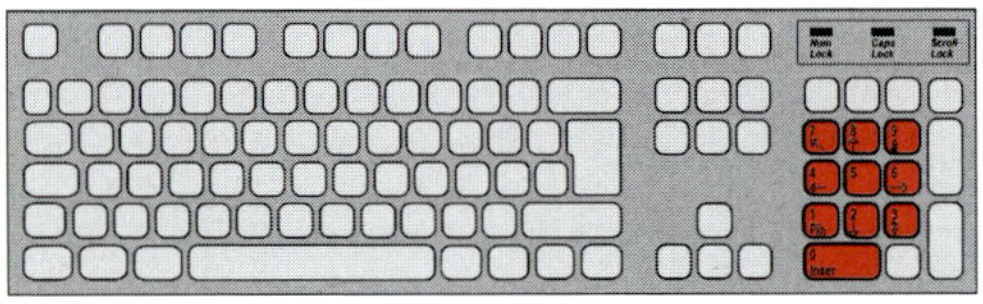

Les touches **0**, **1**, **2**, **3**, **4**, **5**, **6**, **7**, **8**, et **9** qui occupent l'essentiel du pavé numérique permettent tout naturellement d'insérer les chiffres 0 à 9… à une condition, toutefois : que le pavé soit verrouillé, c'est-à-dire que le témoin **Num Lock** soit allumé. Dans le cas contraire, les touches marquées de deux caractères assument le même rôle que leurs équivalents du pavé directionnel.

Mode Refrappe

Mode de saisie dans lequel chaque caractère ajouté se substitue au caractère existant qui suivait le point d'insertion.

Prenons deux exemples. Quand le pavé est verrouillé, la touche **1** insère un 1. Lorsqu'il ne l'est pas, en revanche, cette touche fonctionne comme la touche **Fin** : elle déplace le point d'insertion à la fin de la ligne en cours dans un texte ou affiche la fin d'une page Web dans un navigateur. De même, quand le pavé numérique est verrouillé, taper la touche **0** permet de saisir un zéro. Lorsqu'il ne l'est pas, appuyer sur cette même touche active le mode refrappe, comme la touche **Inser**.

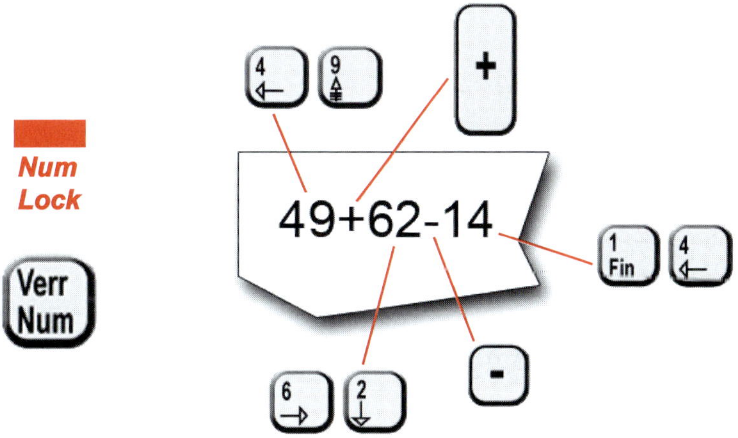

Touche . (Point)

OÙ LA TROUVER ?

Coincée entre deux grandes touches au bas du pavé numérique, la petite touche . cache bien son jeu, puisqu'elle peut assurer pas moins de trois fonctions !

- Quand le pavé numérique est verrouillé et que vous travaillez dans un programme traditionnel, notamment un traitement de texte comme Microsoft Word, taper la touche . insère un point.

- Quand le pavé numérique est verrouillé et que vous travaillez dans un programme de calcul, appuyer sur la touche **.** insère le séparateur décimal, c'est-à-dire un point ou une virgule, selon la configuration du logiciel.

- Quand le pavé numérique n'est pas verrouillé, la touche **.** fonctionne comme la touche **Suppr** du pavé central : elle efface tout élément ou texte sélectionné ou, en l'absence de sélection, l'objet ou le caractère qui suit le point d'insertion.

Touche Entrée

Située dans l'angle inférieur droit du pavé numérique, la touche **Entrée** porte le même nom que celle du pavé central, et pour cause : elle joue en partie le même rôle.

- Dans un programme traditionnel, et notamment un traitement de texte comme Microsoft Word, taper la touche **Entrée** commence une nouvelle ligne en créant un nouveau paragraphe.

note Soyez prudent si vous saisissez du texte dans un logiciel de retouche d'images comme Adobe Photoshop, car la touche **Entrée** du pavé numérique ne joue alors plus le même rôle que celle du pavé central. La première valide en effet le texte bloc de texte saisi, tandis que la seconde crée un nouveau paragraphe.

- Dans un logiciel de calcul, la touche **Entrée** correspond au signe d'égalité : appuyer dessus permet donc d'obtenir le résultat de l'opération saisie.

- Dans certains cas, appuyer sur la touche **Entrée** valide une action. Par exemple, vous pouvez taper cette touche après avoir saisi l'adresse d'une page Web dans la barre d'adresses de votre navigateur pour accéder à la page en question.

Autres touches

Plus que quatre touches, et nous aurons terminé notre tour d'horizon du clavier ! Toutes figurent dans la première ligne du clavier, de part et d'autre des touches de fonction. Si les touches **Echap** et **Impr écran** méritent largement votre attention, la touche **Pause** n'a guère d'utilité. Quant à la touche **Arrêt défil**, vous pourrez l'oublier aussitôt après en avoir fait la connaissance, car elle n'est plus employée !

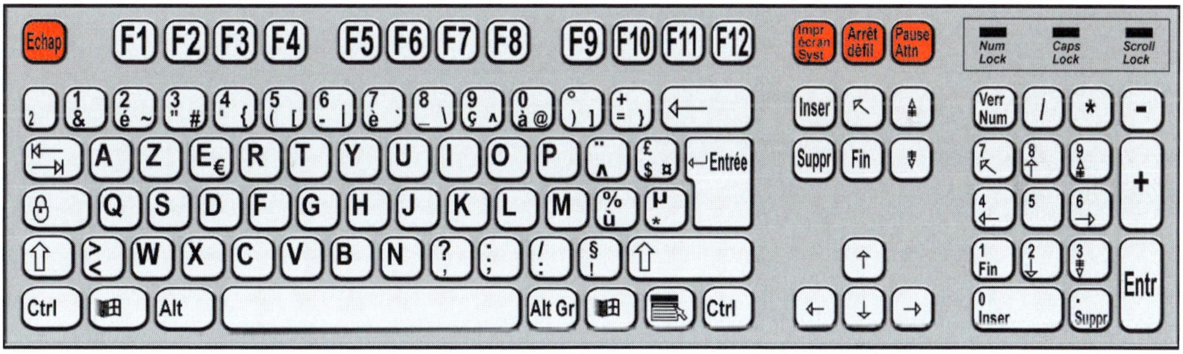

Touche Echap

Située dans l'angle supérieur gauche du clavier, la touche **Echap** tire son nom du verbe « Échapper ». Elle permet en effet d'interrompre une action en cours. Par exemple, taper la touche **Echap** quand une boîte de dialogue est ouverte ferme cette dernière sans appliquer d'éventuels réglages que vous viendriez de définir :

cela revient donc à cliquer sur le bouton **Annuler**. Selon le même principe, appuyer sur la touche **Echap** lorsqu'un menu est déroulé ferme celui-ci sans sélectionner aucune commande. Dans un logiciel de dessin comme Adobe Illustrator, vous pouvez aussi taper cette touche pendant l'application d'un effet particulier quand vous préférez finalement ne pas réaliser cette transformation.

Si la touche **Echap** rend de précieux services, sachez bien qu'elle ne constitue en aucun cas une panacée. Nombre d'actions ne peuvent pas être interrompues, même si vous appuyez plusieurs fois sur cette touche pendant l'accomplissement de la tâche en question. Par exemple, appuyer sur la touche **Echap** pendant l'enregistrement d'un document Microsoft Word n'arrête pas cet enregistrement.

Touche Impr écran

OÙ LA TROUVER ?

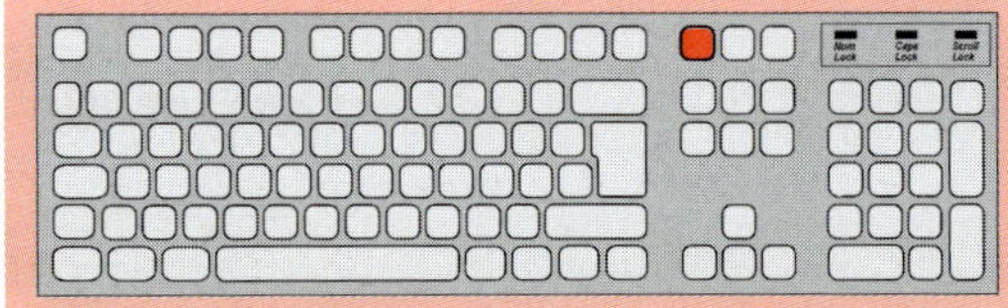

Presse-papiers

Zone de stockage temporaire dans laquelle les programmes placent les textes et autres éléments que vous copiez ou coupez grâce aux commandes **Edition → Copier** et **Edition → Couper**.

Si l'on se réfère à son intitulé développé, la touche **Impr écran**, située juste à droite des touches de fonction, sert à « imprimer l'écran ». Est-ce à dire qu'il suffit d'appuyer dessus pour que votre imprimante sorte une version papier de ce que vous voyez à l'écran ? Pas vraiment. Avouez que cela relèverait du miracle !

En réalité, quand vous appuyez sur la touche **Impr écran**, Windows capture en tant qu'image ce qui est affiché à l'écran et stocke cet objet graphique dans le Presse-papiers. Vous pouvez donc ensuite le coller dans un document, par exemple, comme n'importe quel élément ou texte que vous auriez copié dans le Presse-papiers. Rien ne vous empêche après d'imprimer le document en question pour obtenir la version papier de l'écran dont nous parlions tout à l'heure.

Supposons que vous élaboriez dans Microsoft Word un document présentant le bureau Windows. Pour être plus efficace, vous pourriez accompagner votre texte de l'image du bureau. Commencez alors par afficher ce dernier, puis appuyez sur la touche **Impr écran** et relâchez-la. Revenez ensuite dans le document Word, cliquez là où devra figurer l'image du bureau et cliquez sur **Edition → Coller**. Votre objectif est atteint !

Touche Arrêt défil

Bonne nouvelle : parmi les 105 touches que compte votre clavier, en voici une que n'aurez pas besoin de retenir ! La touche **Arrêt défil** n'a en effet plus aucune utilité sous Windows. Avant l'apparition de celui-ci, les PC fonctionnaient grâce à un système appelé DOS *(Disk Operating System)*. Dans ce dernier, la touche **Arrêt défil** servait à verrouiller et déverrouiller la fonction de défilement du texte à l'écran. Quand cette touche est activée, le témoin **Scroll Lock** (équivalent anglo-saxon de « Verrouiller défilement ») s'allume dans l'angle supérieur droit du clavier.

note Le DOS et Windows ont cohabité pendant plusieurs années : Windows permettait alors aux utilisateurs d'exploiter le DOS et de se servir de leur ordinateur sans avoir à taper le moindre code informatique. Globalement, il suffisait de cliquer sur des commandes de menus et des boutons. Microsoft a finalement abandonné définitivement le DOS depuis Windows XP, qui a intégré les fonctions de son prédécesseur.

Touche Pause

OÙ LA TROUVER ?

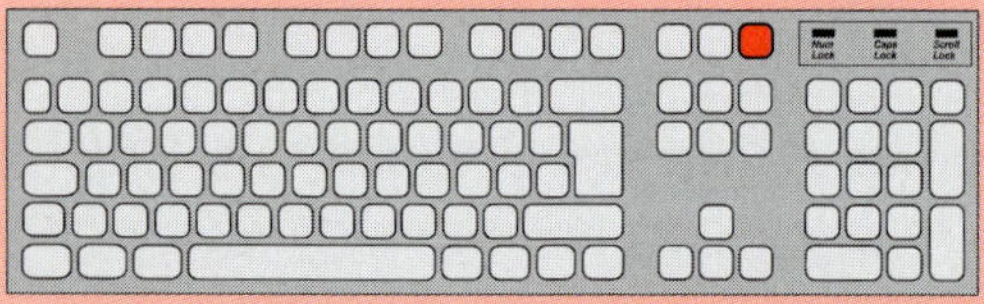

Savourez ce moment : vous allez découvrir le rôle de la dernière touche du clavier ! Eh oui, nous avons déjà passé les 104 autres en revue ! Vous aurez donc bien mérité la pause... (le jeu de mots était facile, je vous l'accorde !)

DOS (*Disk Operating System*)

Système d'exploitation en mode texte qui a longtemps constitué le principal système d'exploitation pour PC et qui a ensuite fonctionné couplé à Windows, avant d'être abandonné.

Comme sa voisine, la touche **Arrêt défil**, la touche **Pause** est une réminiscence de l'époque du système DOS, où elle servait à interrompre une action en cours. Sous Windows, elle n'a plus d'utilité en tant que telle. Elle intervient simplement dans quelques rares raccourcis clavier. Autant dire que vous ne vous servirez pratiquement jamais de cette touche ! L'un de ses principaux emplois est sans doute l'affichage de la boîte de dialogue **Propriétés système**. Pour ouvrir celle-ci, appuyez sur la touche **Pause** et, en la maintenant toujours enfoncée, tapez la touche **Windows**, située dans la dernière ligne du pavé central. Relâchez ensuite les deux touches.

Ainsi s'achève votre découverte de la constitution du clavier et de ses nombreuses touches. Que diriez-vous maintenant de l'abandonner quelques instants pour vous familiariser avec sa comparse la souris ?

chapitre 3

Quand la souris s'en mêle...

La souris constitue un peu la petite sœur du clavier. Ces deux outils peuvent en effet difficilement se passer l'un de l'autre. Vous-même, d'ailleurs, aurez du mal à travailler sur votre ordinateur sans recourir régulièrement à la souris. Il est donc important de bien maîtriser cette dernière. Un jeu d'enfants comparé au clavier et à ses 105 touches !

Anatomie d'une souris

De même que chaque concepteur de clavier cherche à se différencier de ses concurrents, les fabricants de souris s'efforcent sans cesse d'innover dans l'apparence et les fonctionnalités de ces dernières. Pour vous en rendre compte, visitez par exemple le site Web de Logitech (`http://www.logitech.fr`), l'un des principaux concepteurs de souris actuellement. Vous y trouverez des souris rondes, des plates, des noires, des rouges, des sans fil, *etc.*

Malgré cette diversité, toutes les souris possèdent au moins deux boutons dans leur partie frontale : l'un occupe la moitié gauche de celle-ci, et l'autre, la moitié droite. Cela ne vous surprendra pas : ils constituent le « bouton gauche » et le « bouton droit ». C'est grâce à celui de gauche que vous cliquez sur des éléments pour les sélectionner, notamment.

La plupart des souris actuelles comportent en outre une petite molette entre ces deux boutons. Le plus souvent, vous la faites tourner vers l'avant ou l'arrière pour entraîner le défilement du document à l'écran.

Enfin, de plus en plus en plus de souris possèdent deux boutons supplémentaires situés sur leurs côtés gauche et droit qui s'utilisent pendant la navigation sur le Web.

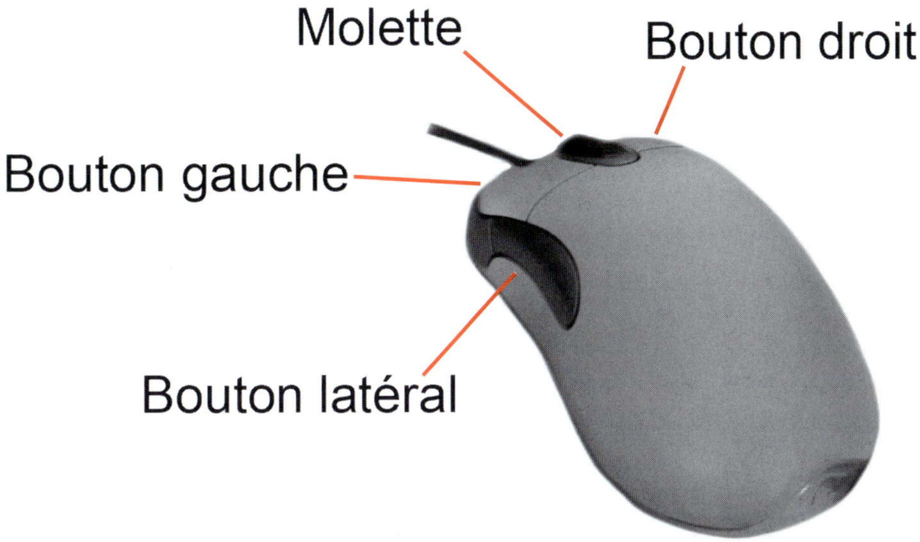

Après cette première introduction assez sommaire aux différents composants de la souris, intéressons-nous plus en détail aux rôles de chacun d'eux.

Dompter la souris

La souris se met en quatre pour faciliter votre travail sur ordinateur. Elle propose en effet diverses fonctionnalités difficilement soupçonnables au premier coup d'œil. Nous allons étudier chacune d'elles en détail, mais avant, je m'en voudrais de ne pas vous présenter le pointeur, fidèle associé de la souris.

Se familiariser avec le pointeur

Dès qu'une souris est connectée à votre ordinateur et que celui-ci est allumé, un petit symbole appelé *pointeur* apparaît à l'écran : il matérialise l'emplacement de la souris dans le programme en cours. Dès que vous bougez la souris sur son tapis, en effet, le pointeur change de position à l'écran. Faites glisser la souris vers la gauche, et le pointeur se décalera lui aussi vers la gauche. Faites-la glisser vers le haut, et le pointeur se déplacera vers la partie supérieure de l'écran. Bref, le pointeur obéit au doigt et à l'œil de votre souris !

L'apparence du pointeur dépend du programme dans lequel vous travaillez et de la tâche en cours. Le plus souvent, il prend la forme d'une flèche blanche orientée vers le haut et la gauche ou la droite. Placé au-dessus d'un texte, il se transforme en une sorte de gros I majuscule. Lorsque vous copiez un élément sélectionné dans un document ou dans l'Explorateur Windows, il devient une flèche blanche associée à un signe plus (+). Sans doute l'avez-vous aussi déjà vu en sablier lorsqu'un programme ou Windows est en train de réaliser une tâche qui le sollicite fortement. Et cette petite main qu'il devient quand il se retrouve sur un lien dans une page Web ? Un vrai caméléon, en fait ! Sans compter qu'au-delà de ces formes traditionnelles, le pointeur peut adopter toutes sortes d'apparences dans des logiciels de dessin et de retouche d'images en fonction de l'outil avec lequel vous travaillez.

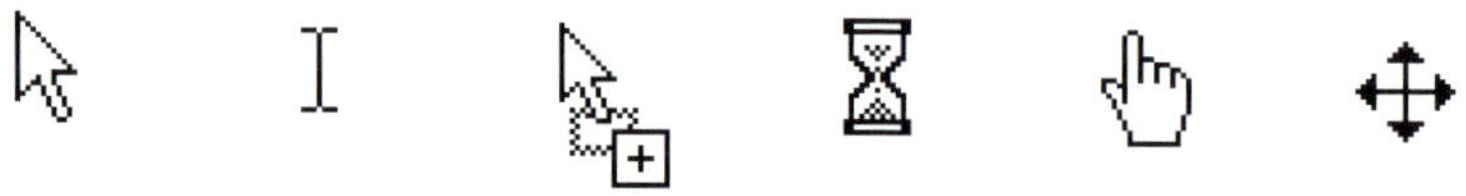

Pointer

Maintenant que vous connaissez parfaitement le pointeur, pointer un élément ne vous posera pas le moindre problème. Cela consiste en effet simplement à déplacer la souris de sorte que le pointeur se trouve au-dessus de l'élément que vous voulez manipuler. Attention ! lors d'un pointage, vous ne devez enfoncer aucun bouton de la souris. Par exemple, pour pointer un lien dans une page Web, il faut juste faire glisser la souris vers ce texte (ou cette image, le cas échéant), jusqu'à ce que le pointeur se retrouve au-dessus de lui. Quand celui-ci se transforme en petite main, vous savez que votre pointage est réussi !

Cliquer avec le bouton gauche

Cliquer avec le bouton gauche est indéniablement l'action que vous réaliserez le plus souvent avec la souris. Et pourtant, vous rencontrerez rarement cette expression dans les ouvrages et documentations informatiques. En fait, cette action est si courante que l'emploi du bouton gauche est devenu implicite. Autrement dit, lorsqu'il vous est demandé de « cliquer », simplement, sans autre précision, cela signifie nécessairement un clic avec le bouton gauche.

Concrètement, effectuer un tel clic est un jeu d'enfants. Il suffit en effet d'appuyer une fois brièvement sur le bouton gauche de la souris et de le relâcher.

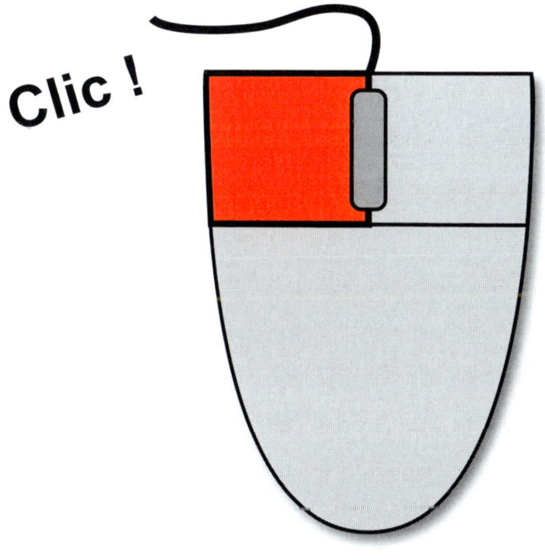

Aussi simple soit cette action, ne vous emballez pas trop vite : il ne s'agit pas de cliquer n'importe où ! Le clic gauche sert à quantité de tâches, notamment sélectionner des commandes de menus, enfoncer des boutons dans une barre d'outils ou une boîte de dialogue, placer le point d'insertion à l'endroit souhaité dans un texte, et sélectionner des éléments. Pour accomplir l'une d'elles, vous devez positionner le pointeur à l'endroit requis avant de cliquer. Par exemple, pour dérouler le menu **démarrer** de Windows, il faut d'abord pointer le bouton **démarrer**, puis cliquer sur celui-ci.

exercice 1

Que diriez-vous d'un petit exercice pour bien mémoriser le principe du clic gauche ? Je vous propose de **placer le point d'insertion à un endroit particulier au sein d'un mot**.

1. Dans un document vide, tapez les touches **C**, **H**, **O**, **C**, **O**, **L**, **A**, **T** pour saisir *chocolat.*

2. Le point d'insertion se retrouve après le T. Votre mission consiste désormais à le placer après le H avec la souris. Une idée de la marche à suivre ? Faites glisser la souris sur son tapis jusqu'à ce que le pointeur en forme de I figure entre le H et le premier O.

3. Enfoncez brièvement le bouton gauche et relâchez-le : vous venez de repositionner le point d'insertion grâce à un clic parfait, et sans même vous salir les doigts !

Cliquer avec le bouton droit

Moins fréquent que le gauche, le clic droit s'effectue selon le même principe, mais au moyen de l'autre bouton principal de la souris. Je suis sûre que vous vous en doutiez. Pour cliquer sur un élément avec le bouton droit, commencez par le pointer puis, quand le pointeur se trouve à l'endroit souhaité, appuyez brièvement sur le bouton droit de la souris et relâchez-le.

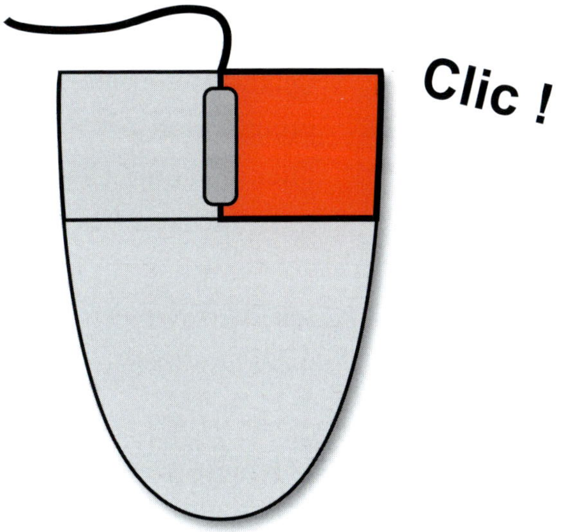

Le clic droit s'emploie essentiellement pour afficher le menu contextuel associé à l'élément sur lequel vous cliquez, exactement comme la touche **Application** située dans la dernière ligne du pavé central et vue en détail dans le chapitre 2. Ce menu qui apparaît au niveau du clic réunit les commandes les plus employées avec l'élément. Par exemple, celui d'un fichier dans l'Explorateur Windows propose entre autres des commandes qui permettent de copier ce fichier, de l'imprimer et de le renommer.

exercice 2

Voici maintenant un petit exercice très simple pour vous entraîner et tester la dextérité de vos doigts. Votre objectif est d'**ouvrir un message électronique dans Outlook Express**.

1 Dans Outlook Express, pointez un message que vous voulez lire. Autrement dit, faites glisser la souris sur son tapis jusqu'à ce que le pointeur en forme de flèche se trouve sur le courrier à consulter.

2 Appuyez un court instant sur le bouton droit de la souris et relâchez-le.

3 Le menu contextuel habituellement associé aux courriers électroniques apparaît. Pointez la commande **Ouvrir**.

4 Quand la commande **Ouvrir** apparaît en surbrillance, cliquez dessus pour l'exécuter. Attention ! souvenez-vous : dès lors que le terme « cliquer » est employé seul, il signifie implicitement « cliquer avec le bouton gauche ». Par conséquent, pour ouvrir le message quand le pointeur se trouve sur la commande **Ouvrir**, vous devez appuyer brièvement sur le bouton gauche de la souris et le relâcher. Le courrier apparaît : il ne vous reste plus qu'à le lire !

Double-cliquer

Le double clic s'effectue toujours avec le bouton gauche de la souris. Il consiste à appuyer deux fois *très rapidement* sur ce dernier. Si vous laissez trop de temps s'écouler entre les deux appuis, le programme dans lequel vous travaillez considère que vous avez effectué deux clics distincts, et non pas un double clic. Or l'effet de deux clics successifs diffère radicalement de celui d'un double clic.

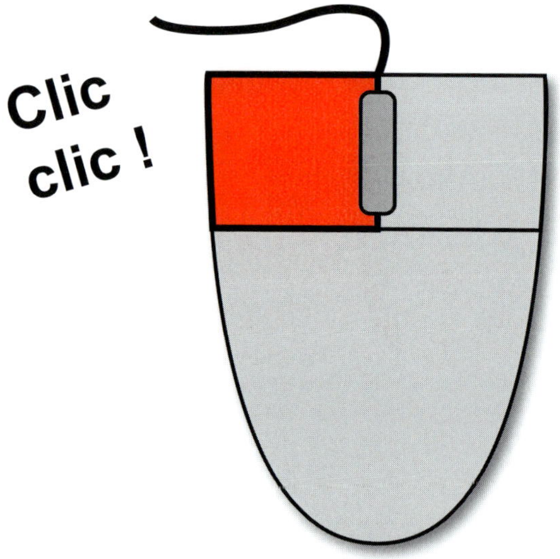

Voici un exemple qui illustre parfaitement cette différence. Ouvrez l'Explorateur Windows. Dans la partie droite de la fenêtre, cliquez une première fois sur un nom de dossier, attendez deux ou trois secondes et cliquez une nouvelle fois dessus : le nom apparaît en mode édition, prêt à être modifié. Tapez la touche **Echap** dans l'angle supérieur gauche du clavier pour quitter le mode édition sans renommer le dossier. Cliquez maintenant deux fois très rapprochées sur le nom du dossier : si vous avez réussi votre double clic, le dossier s'ouvre, laissant apparaître les fichiers qu'il renferme. Convaincu ?

Outre à l'ouverture de fichiers et de dossiers, le double clic sert principalement à sélectionner du texte, et plus précisément des mots isolés. Lorsque le pointeur en forme de I majuscule se trouve au-dessus d'un mot et que vous appuyez deux fois très rapidement sur le bouton gauche de la souris, en effet, le mot apparaît en surbrillance : il est donc sélectionné.

note

Dans certains programmes, vous pourrez être amené à effectuer des triples clics, voire des quadruples clics. Dans Microsoft Word, par exemple, triple-cliquer sur un mot sélectionne tout le paragraphe où il figure. Le principe reste le même que pour le double clic : vous devez appuyer très vite le nombre de fois requis sur le bouton gauche de la souris pour que le logiciel identifie bien un triple ou quadruple clic, et non pas trois ou quatre clics successifs.

exercice 3

Mais comment ne pas se perdre entre tous ces clics ? N'ayez crainte : le clic gauche, le clic droit et le double clic sont des actions que vous ne risquez pas de confondre, à la fois parce qu'elles font appel à des boutons ou des techniques distincts et qu'elles produisent des effets totalement différents. Vous allez vous en rendre compte très vite grâce à ce petit exercice où vous **copierez un mot dans Microsoft Word**.

1 Première chose à faire : sélectionner le mot à copier. Faites glisser la souris sur son tapis jusqu'à ce que le pointeur en forme de I majuscule se trouve au-dessus du mot en question.

2 Pour sélectionner le mot, vous devez double-cliquer dessus. Appuyez donc deux fois très vite sur le bouton gauche de la souris et relâchez-le. Si ces clics changent simplement la position du point d'insertion, vous n'avez pas été assez rapide… Recommencez alors en rapprochant les deux appuis sur le bouton de la souris.

3 Déplacez de nouveau la souris pour pointer le menu **Edition** en haut de la fenêtre. Le pointeur prend cette fois la forme d'une flèche blanche orientée vers la gauche.

4 Cliquez sur le menu **Edition**. Un petit doute sur la marche à suivre ? Appuyez brièvement sur le bouton gauche de la souris et relâchez-le.

5 Word déroule le menu **Edition**. Faites glisser la souris pour pointer la commande **Copier**.

6 Une fois le pointeur en forme de flèche placé au-dessus de la commande **Copier**, cliquez sur cette dernière pour copier le mot dans une zone de stockage temporaire, appelée Presse-papiers. Cette fois, votre doigt ne devrait pas hésiter entre les boutons gauche et droit…

7 Déplacez la souris jusqu'à ce que le pointeur en forme de I majuscule se trouve là où vous voulez insérer la copie du mot.

8 Pour coller le mot copié, nous allons cette fois utiliser le menu contextuel : il vous faut donc effectuer un clic droit. Appuyez brièvement sur le bouton droit de la souris et relâchez-le.

9 Le menu contextuel qui apparaît affiche bien la commande **Coller** que nous devons exécuter. Placez le pointeur en forme de flèche au-dessus de cette dernière en déplaçant la souris.

10 Et le bouquet final : cliquez sur la commande **Coller** pour insérer le mot copié. Ce dernier appui sur le bouton gauche de la souris marque la fin de vos efforts !

Effectuer un glisser-déposer

Voici une nouvelle action au nom somme toutes très explicite : il s'agit en effet de faire *glisser* la souris pour *déposer* un élément à un endroit particulier. Ce glissement ne s'effectue cependant pas dans n'importe quelles conditions : si vous déplacez simplement la souris sur son tapis, en effet, vous changez juste la position du pointeur à l'écran. Il s'agit alors d'un banal pointage.

Un glisser-déposer commence par un clic « inachevé », en quelque sorte. Une fois le pointeur placé au-dessus de l'élément à déplacer, appuyez sur le bouton gauche de la souris et maintenez-le enfoncé. Sans le relâcher, faites glisser la souris sur son tapis jusqu'à l'endroit où vous voulez placer l'élément. Quand le pointeur se trouve à la nouvelle position souhaitée pour l'élément, relâchez le bouton gauche de la souris.

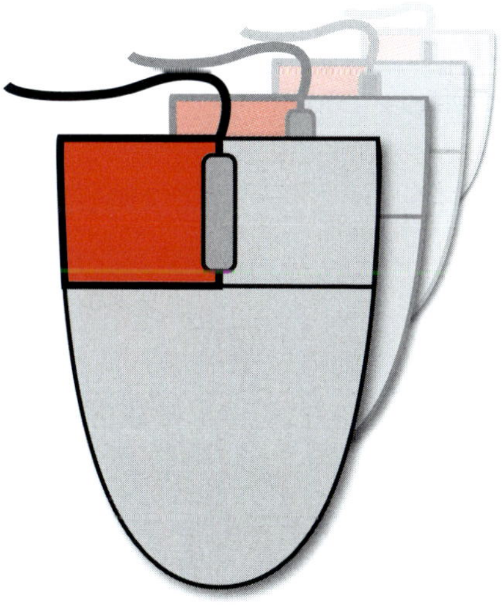

La technique du glisser-déposer se révèle très utile pour déplacer du texte dans un document, mais aussi changer une icône de place sur le bureau ou déplacer un fichier dans un autre dossier dans l'Explorateur Windows. Souvent, et notamment dans le cas d'un fichier, le pointeur devient une réplique estompée de l'élément. Dans le cas d'un déplacement de texte, il prend en revanche la forme d'une flèche associée à un petit carré en pointillé.

Ce n'est toutefois pas sur l'apparence du pointeur, mais bien plutôt sur la matérialisation de l'endroit cible que vous devez vous concentrer. À quelques rares exceptions près, cette position est clairement indiquée. Lors d'un glisser-déposer de texte, par exemple, il s'agit d'un simple trait vertical en pointillé. Dans le cas d'un déplacement de fichier dans l'Explorateur, le dossier de destination apparaît sélectionné. Dans ces deux situations, vous devez donc relâcher le bouton de la souris uniquement lorsque le trait en pointillé se trouve là où devra figurer le texte déplacé ou que le dossier où vous voulez placer le fichier apparaît en surbrillance.

exercice 4

Une manière très simple (et garantie sans risque !) de vous entraîner consiste à déplacer des icônes sur le bureau. Cliquez par exemple sur une qui se trouve dans un angle pour la sélectionner et glissez-déposez-la dans l'angle opposé. Après ce petit échauffement, amusez-vous à réaliser l'exercice qui suit pour maîtriser la technique du glisser-déposer sur le bout des doigts. Vous y découvrirez comment **déplacer une fenêtre de programme à l'écran**.

1 Commençons par une petite révision du clic gauche en ouvrant le programme Internet Explorer. Pointez le bouton **démarrer**. Autrement dit, faites glisser la souris sur son tapis jusqu'à ce que le pointeur en forme de flèche se trouve au-dessus du bouton **démarrer**.

2 Appuyez brièvement sur le bouton gauche de la souris et relâchez-le : vous venez de cliquer brillamment sur le bouton **démarrer** !

3 Le menu **démarrer** apparaît. Déplacez la souris pour pointer la commande **Internet**.

4 Quand le pointeur en forme de flèche se trouve au-dessus de la commande **Internet**, cliquez sur cette dernière. Souvenez-vous : il suffit d'appuyer brièvement sur le bouton gauche de la souris et de le relâcher.

5 La fenêtre du programme Internet Explorer s'ouvre. Si elle n'occupe qu'une partie de l'écran, vous échappez à deux manipulations : passez directement à l'étape 7. Dans le cas contraire, pointez le bouton **Niveau inférieur** (marquée de deux petits carrés partiellement superposés) dans l'angle supérieur droit de la fenêtre.

6 Lorsque le pointeur en forme de flèche se trouve au-dessus du bouton **Niveau inférieur**, cliquez sur ce dernier.

7 La fenêtre d'Internet Explorer n'occupant plus la totalité de l'écran, vous pouvez désormais la déplacer librement en la glissant-déposant à l'endroit souhaité. Pointez sa barre de titre.

8 Quand le pointeur en forme de flèche se trouve au-dessus de la barre de titre, enfoncez le bouton gauche de la souris et maintenez-le enfoncé.

9 Sans relâcher le bouton gauche de la souris, faites glisser la fenêtre à l'endroit souhaité en déplaçant la souris sur son tapis.

10 Lorsque la fenêtre se trouve là où vous voulez la déposer, relâchez le bouton de la souris. Mission accomplie !

note Dans la plupart des programmes, vous pouvez sélectionner du texte grâce à une technique très proche du glisser-déposer dans son fonctionnement, mais pas dans son résultat. Pour sélectionner un bloc de texte quelconque, commencez par pointer avant le premier caractère à sélectionner, puis appuyez sur le bouton gauche de la souris et ne le relâchez pas (nous retrouvons là notre fameux clic « inachevé »). En maintenant toujours le bouton enfoncé, faites glisser la souris juste après le dernier caractère à sélectionner. Quand tout le texte à sélectionner apparaît en surbrillance, relâchez le bouton de la souris.

Utiliser la molette

Bien malchanceux sont ceux qui possèdent une souris sans molette ! Cette sorte de petite roue entre les boutons gauche et droit permet en effet de faire défiler le contenu d'une fenêtre de programme à l'écran à la vitesse grand V. Pour l'utiliser, rien de plus simple : faites-la tourner vers l'avant si vous voulez consulter la partie du fichier qui précède celle affichée à l'écran. Faites-la en revanche tourner vers l'arrière si vous voulez visualiser la partie du fichier qui suit celle actuellement affichée. Ces deux techniques fonctionnent tout naturellement dans des fichiers comme un document Microsoft Word ou une page Web ouverte dans Internet Explorer, mais elles vous rendront aussi de fiers services dans des programmes comme l'Explorateur Windows ou Outlook Express. Dans de tels logiciels, en effet, elles permettent de faire défiler le contenu de la fenêtre et, donc, de consulter par exemple les fichiers ou les messages électroniques stockés dans le dossier en cours.

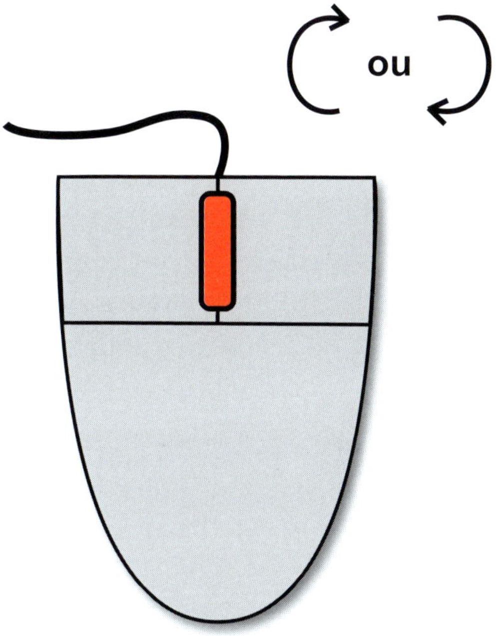

Par rapport aux touches **PgPr** et **PgSv** du pavé directionnel du clavier qui entraînent, elles aussi, un défilement rapide, la molette offre un avantage souvent très appréciable : elle ne modifie que l'affichage. Dans un document texte, par exemple, elle ne change pas la position du point d'insertion, même si vous faites défiler le fichier de plusieurs pages. Dans l'Explorateur, elle n'a pas non plus d'incidence sur le fichier sélectionné avant le défilement. Lorsque vous utilisez les touches **PgPr** et **PgSv**, en revanche, le point d'insertion se déplace au fur et à mesure du défilement et, dans le cas de l'Explorateur, le fichier sélectionné change à chaque modification de l'affichage.

La molette joue en réalité le même rôle que la barre de défilement vertical située sur le côté droit des fenêtres de programmes. Je vais même vous livrer un petit secret. Dans certains logiciels, si vous faites tourner la molette alors que le pointeur se trouve au-dessus de la barre de défilement horizontale au bas de la fenêtre, le contenu de cette dernière ne défile plus vers le haut et le bas, mais vers la gauche et la droite. Astucieux, non ?

Utiliser les boutons latéraux

Si vous aimez naviguer sur le Net, vous allez adorer les boutons latéraux de votre souris. Ils vous permettent en effet d'évoluer rapidement entre les pages déjà consultées en évitant les détours répétés par la barre d'outils en haut de la fenêtre de votre navigateur : avec eux, les boutons **Précédente** et **Suivante** peuvent prendre leur retraite !

- Pour consulter la page visitée avant celle en cours, appuyez brièvement sur le bouton latéral gauche et relâchez-le.
- Pour afficher la page suivante après avoir consulté une page déjà visitée, appuyez brièvement sur le bouton latéral gauche et relâchez-le.

Difficile de faire plus simple, n'est-ce pas ?

Le clavier et la souris : une entente parfaite !

Ne croyez pas que la souris vienne simplement en renfort du clavier dans les moments délicats. Elle peut aussi fonctionner de concert avec lui pour optimiser vos conditions de travail. Je me garderai bien de vous énumérer tous les cas existants pour ne pas vous lasser (voire vous endormir !), mais une petite liste d'exemples suffira à vous donner un excellent aperçu de cette entente plus que cordiale.

- **Sélection de texte.** Pour sélectionner un bloc de texte, cliquez avant le premier caractère à sélectionner, appuyez sur la touche **Maj** au début de l'avant-dernière ligne du pavé central et, sans la relâcher, cliquez après le dernier caractère à sélectionner. Relâchez finalement la touche **Maj**. Vous évitez ainsi un glissement prolongé de la souris avec le bouton gauche enfoncé : les tendons de votre poignet vous en seront nécessairement reconnaissants !
- **Sélection de fichiers dans l'Explorateur Windows.** Cliquer sur un fichier dans la partie droite de la fenêtre de l'Explorateur le sélectionne automatiquement. Quand vous devez supprimer ou copier plusieurs fichiers, par exemple, vous pouvez éviter des manipulations répétées en les sélectionnant tous au départ. Après avoir cliqué sur le premier fichier à sélectionner, appuyez sur la touche **Ctrl** dans la dernière ligne du pavé central et ne la relâchez pas. En maintenant toujours cette touche enfoncée, cliquez sur chaque autre fichier à sélectionner, puis relâchez la touche **Ctrl**.
- **Copie de texte.** Un peu plus tôt dans ce chapitre, vous avez appris à déplacer du texte par glisser-déposer. Complétée par la touche **Ctrl** qui se trouve dans la dernière ligne du pavé central, cette technique permet de copier, et non plus déplacer le texte sélectionné. Après avoir pointé celui-ci, appuyez sur le bouton gauche de la souris et, sans le relâcher, appuyez sur la touche **Ctrl**. En maintenant toujours cette dernière et le bouton enfoncés, faites glisser la souris jusqu'à l'endroit où placer le texte copié. Relâchez alors la touche **Ctrl** et le bouton gauche.
- **Changement du facteur de zoom.** Dans Microsoft Word et quelques autres programmes, la molette ne permet pas uniquement de faire défiler le document à l'écran. Si vous maintenez la touche **Ctrl** enfoncée pendant que vous faites tourner la molette vers l'avant ou l'arrière, vous augmentez ou réduisez respectivement le facteur de zoom.

chapitre 4

Maîtriser les grands principes de la saisie

Voici un nouveau chapitre qui devrait mettre votre mémoire en ébullition… Au chapitre 2, en effet, vous aviez découvert le rôle de chaque touche du clavier. Pour terminer votre apprentissage théorique de la saisie et avant de passer à une série d'exercices pratiques dans le chapitre 5, vous devez maintenant vous familiariser avec les différentes techniques à appliquer pour saisir tous les caractères dont vous aurez besoin. Sans oublier les méthodes qui permettent d'effacer les textes erronés ou inutiles : tout le monde peut se tromper !

chapitre 4

Savoir saisir tous les types de caractères

Sur le clavier figurent quantité de caractères, des simples lettres de l'alphabet aux dix chiffres arabes, en passant par les signes de ponctuation et divers symboles. Bien que tous ne se saisissent pas de la même manière, il suffit de maîtriser quelques règles pour que plus aucun ne vous échappe. Il existe même une technique pour produire des caractères qui ne se trouvent pas sur le clavier !

Lettres minuscules et caractères simples

Ce chapitre ne peut pas commencer plus en douceur : saisir une lettre minuscule ou tout autre caractère simple est un véritable jeu d'enfants. Il suffit en effet d'appuyer sur la touche du caractère et de la relâcher. Pour obtenir un g, par exemple, vous n'avez qu'à taper la touche **G** et à la relâcher.

Les caractères que je qualifie de « simples » sont ceux qui figurent dans l'angle inférieur gauche des touches marquées de plusieurs caractères dans le pavé central, ainsi que le ^{2}, produit par la touche **^{2}** au début de la première ligne du pavé central. Il s'agit donc tout aussi bien de signes de ponctuation que de lettres accentuées ou d'autres caractères, comme le symbole du dollar $.

Lettres majuscules et caractères assimilés

Pour saisir les 26 lettres de l'alphabet en majuscules, vous devez travailler en mode Majuscules. Il en va de même pour produire tous les caractères qui figurent dans l'angle supérieur gauche des touches marquées de plusieurs caractères dans le pavé central. Cela concerne notamment les chiffres, quelques signes de ponctuation et divers symboles, comme le signe +.

Deux touches permettent d'activer le mode Majuscules : la touche **Maj** le fait de manière temporaire, tandis que la touche **Verr Maj** active ce mode de manière permanente. La première s'impose quand vous n'avez que quelques caractères majuscules à saisir ; la seconde devient préférable lorsque vous devez produire beaucoup de texte en majuscules (elle évite gentiment à votre doigt de trop se fatiguer !).

Voici comment utiliser la touche **Maj**, dont un exemplaire figure au début de l'avant-dernière ligne du pavé central, et un second, à la fin :

1 Appuyez sur l'une des touches **Maj** et ne la relâchez pas.

2 En maintenant toujours la touche **Maj** enfoncée, tapez la touche du caractère majuscule à saisir et relâchez-la.

3 Relâchez la touche **Maj**.

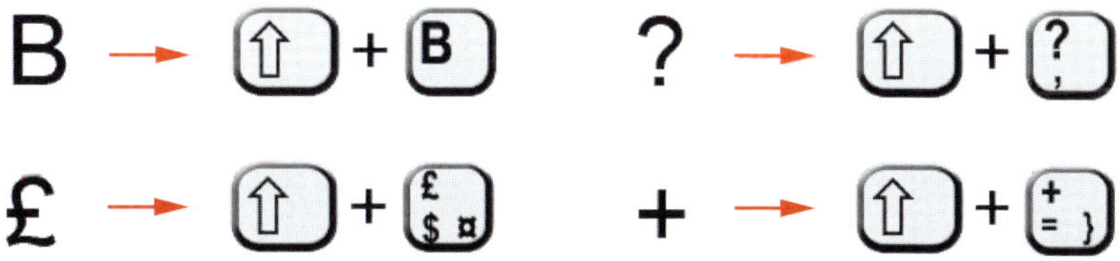

OÙ LA TROUVER ?

Voici comment utiliser la touche **Verr Maj**, située au début de la troisième ligne du pavé central :

1 Appuyez sur la touche **Verr Maj** et relâchez-la. Le témoin **Caps Lock** s'allume dans l'angle supérieur gauche du clavier, indiquant que le mode Majuscules est activé.

2 Tapez successivement les touches des caractères majuscules à saisir.

3 Appuyez de nouveau sur la touche **Verr Maj** et relâchez-la. Si le témoin **Caps Lock** ne s'éteint pas, tapez la touche **Maj** et relâchez-la. Selon les claviers, en effet, le mode Majuscules se désactive avec la touche **Verr Maj** ou **Maj**. Mémorisez bien celle que requiert votre clavier.

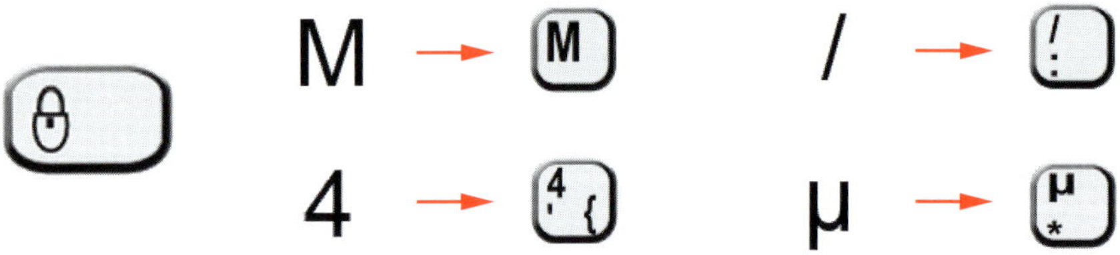

Caractères accentués

Accents aigus, graves ou circonflexes, trémas, tildes : vous pouvez tout saisir sans la moindre difficulté depuis votre clavier. Seul petit accroc : il n'existe pas une règle de saisie unique.

Caractères minuscules accentués visibles sur le clavier

Nous commençons par le cas le plus simple : les lettres *é*, *è*, *à* et *ù*. Il vous suffit de taper leur touche (respectivement **2**, **7**, **0** et **%**) et de la relâcher. Les trois premières de ces touches figurent dans la première ligne du pavé central, tandis que la quatrième se trouve dans la partie droite de la troisième ligne du pavé central.

é →  ù → 

Caractères absents du clavier et surmontés d'un accent grave ou circonflexe, d'un tilde ou d'un tréma

Pour saisir de tels caractères, vous devez procéder en deux étapes : taper l'accent, puis le caractère. *L'accent n'apparaît pas à l'écran tant que vous n'avez pas tapé le caractère à accentuer.* Ces accents s'obtiennent avec les touches **2** et **7**, situées dans la première ligne du pavé central, ainsi qu'avec la touche ¨, placée dans la partie droite de la deuxième ligne du pavé central.

- Pour saisir un caractère surmonté d'un accent grave ou d'un tilde, appuyez sur la touche **Alt Gr**, située à droite de la barre d'espace et, en la maintenant toujours enfoncée, tapez la touche de l'accent (**2** ou **7**), puis relâchez les deux touches. Souvenez-vous : il ne se produit rien à l'écran, mais l'accent a bien été enregistré par le programme ; celui-ci attend que vous saisissiez le caractère pour lui ajouter l'accent. Tapez par conséquent la ou les touches requises pour ce caractère (il peut tout à fait s'agir d'une majuscule saisie avec la touche **Maj**), et vous obtiendrez le caractère accentué tant convoité !

ò → Alt Gr + 7 è ` puis O

ã → Alt Gr + 2 é ~ puis A

È → Alt Gr + 7 è ` puis ⇧ + E €

- Pour saisir un caractère surmonté d'un accent circonflexe, appuyez sur la touche ¨ et relâchez-la. Tapez ensuite la ou les touches requises pour le caractère auquel ajouter cet accent circonflexe.

â → ¨ ^ A

Û → ¨ ^ puis ⇧ + U

- Pour saisir un caractère surmonté d'un tréma, vous devez de nouveau utiliser la touche ¨, couplée cette fois à la touche **Maj**, située au début de l'avant-dernière ligne du pavé central. Autrement dit, appuyez sur la touche **Maj** et, en la maintenant toujours enfoncée, tapez la touche ¨, puis relâchez les deux touches. Appuyez ensuite sur la ou les touches requises pour produire le caractère à accentuer. Notez que si vous saisissez un caractère majuscule surmonté d'un tréma, vous pouvez maintenir la touche **Maj** pendant l'appui sur la touche ¨ et sur celle du caractère. Inutile de la relâcher entre les deux, sauf si votre doigt veut souffler un peu !

Caractères absents du clavier et surmontés d'un accent aigu

Pour saisir ce type de caractère, vous devez utiliser la technique présentée dans la section « Caractères absents du clavier », un peu plus loin dans ce chapitre, c'est-à-dire taper le code ASCII de ce caractère précédé de zéro en maintenant la touche **Alt** enfoncée. Pour obtenir un Á, par exemple, dont le code est 193, tapez la touche **Alt** située à gauche de la **barre d'espace** et, en la maintenant toujours enfoncée, appuyez successivement sur les touches **0**, **1**, **9** et **3** dans le pavé numérique. Relâchez ensuite la touche **Alt**.

Chiffres

Pas besoin d'une longue période d'observation pour repérer les deux jeux de touches marquées de chiffres sur le clavier : le premier figure dans la première ligne du pavé central, et le second, dans le pavé numérique. Vous pouvez utiliser indifféremment l'un ou l'autre pour saisir des chiffres, mais la technique à employer n'est bien sûr pas la même. À vous de choisir celle qui vous convient le mieux !

- Pour saisir des chiffres depuis le pavé central, vous devez procéder comme pour les caractères majuscules, c'est-à-dire taper leur touche en maintenant la touche **Maj** enfoncée. Pour obtenir un 6, par exemple, appuyez sur la touche **Maj** située au début de l'avant-dernière ligne du pavé central et, sans la relâcher, tapez la touche **6** au milieu de la première ligne du pavé central, puis relâchez les deux touches. Si vous devez saisir successivement beaucoup de chiffres et de caractères majuscules, néanmoins, souvenez-vous que la touche **Verr Maj** peut vous éviter de maintenir la touche **Maj** enfoncée. Son utilisation vous a été expliquée en détail dans la section « Lettres majuscules et caractères assimilés », un peu plus tôt dans ce chapitre.

- Pour saisir des chiffres depuis le pavé numérique, vous devez d'abord vous assurer que celui-ci est verrouillé, c'est-à-dire que le témoin **Num Lock** est allumé. S'il ne l'est pas, tapez la touche **Verr Num** dans l'angle supérieur gauche du clavier et relâchez-la. Il ne vous reste ensuite plus qu'à taper la touche du chiffre à saisir dans le pavé numérique et à la relâcher.

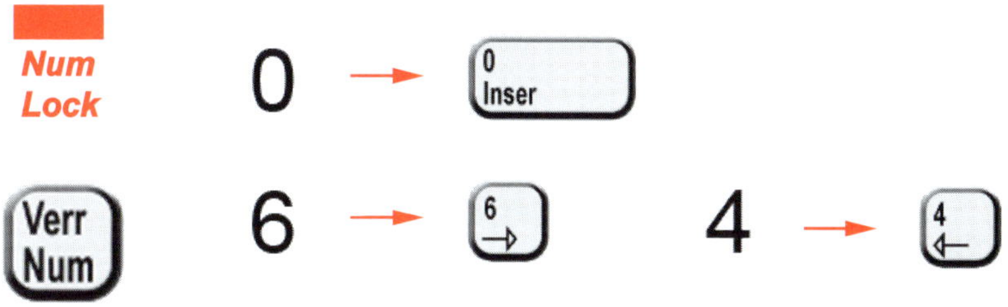

OÙ LA TROUVER ?

Et avant de terminer, n'oublions pas cette petite touche ² située dans l'angle supérieur gauche du pavé central et qui insère un 2 en exposant. Pour saisir ce chiffre, tapez simplement la touche et relâchez-la.

Caractères spéciaux et symboles visibles sur le clavier

Certains caractères spéciaux et symboles, comme les guillemets ou l'apostrophe, se saisissent en tapant simplement leur touche et en la relâchant. D'autres, tels que le symbole d'alinéa §, s'obtiennent en mode Majuscules. Outre ces types de caractères déjà traités dans le début de ce chapitre, le clavier en propose quelques-uns qui se saisissent grâce à la touche **Alt Gr**, située à gauche de la **barre d'espace**. Il s'agit de tous les caractères figurant dans l'angle inférieur droit de certaines touches du pavé central, comme le symbole de l'euro €, la barre oblique inversée \ et l'accolade fermante }.

Voici comment produire ces caractères :

1 Appuyez sur la touche **Alt Gr** et ne la relâchez pas.

2 En maintenant toujours la touche **Alt Gr** enfoncée, tapez la touche du caractère à saisir et relâchez-la.

3 Relâchez la touche **Alt Gr**.

Caractères absents du clavier

« Invisibles mais accessibles », telle est la devise des caractères que vous allez apprendre à saisir ici. On pourrait soupçonner un prodigieux tour de passe-passe, mais il n'en est rien : tout repose sur la touche **Alt**, située à gauche de la barre d'espace, et le *code ASCII* des caractères. ASCII *(American Standard Code for Information Exchange)* correspond à une norme américaine qui associe un code numérique à chaque caractère de texte, chaque signe de ponctuation et divers symboles. Par exemple, la lettre allemande ß possède le code 223.

Dès lors que vous avez bien noté le code ASCII du caractère à saisir, la marche à suivre est extrêmement simple : vous devez taper ce code précédé d'un zéro (0) tout en maintenant la touche **Alt** enfoncée.

1 Le code ASCII du caractère doit être saisi depuis le pavé numérique. Avant de pouvoir utiliser celui-ci, vérifiez qu'il est verrouillé, c'est-à-dire que le témoin **Num Lock** est allumé. S'il ne l'est pas, tapez la touche **Verr Num** dans l'angle supérieur gauche du pavé et relâchez-la.

2 Appuyez sur la touche **Alt** et ne la relâchez pas.

3 En maintenant toujours la touche **Alt** enfoncée, tapez la touche **0** dans le pavé numérique et relâchez-la.

4 Sans relâcher la touche **Alt**, tapez successivement les touches des chiffres constituant le code ASCII du caractère dans le pavé numérique (par exemple : deux fois **2** et une fois **3** pour le ß).

5 Relâchez la touche **Alt**.

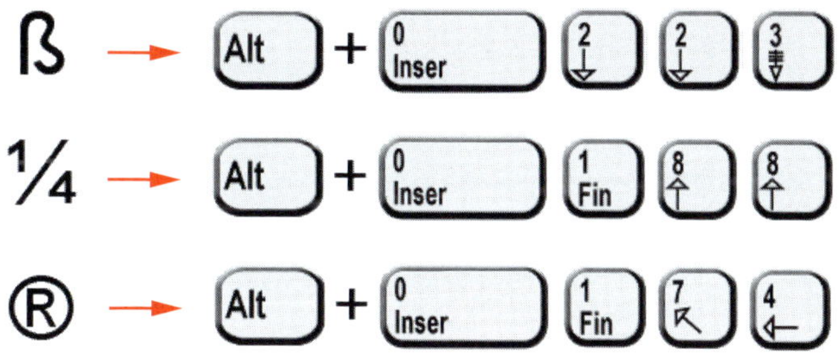

Des caractères conciliants

Lorsque vous saisissez un texte, les caractères s'inscrivent tout naturellement les uns à la suite des autres. Mais que faire si vous vous apercevez que vous avez oublié un mot ou une lettre ? Effacer tout ce qui suit l'emplacement de ce texte manquant et recommencer la frappe ? Non, heureusement. Les caractères sont bons camarades. Pour insérer des caractères ou des termes au sein d'un texte existant, il vous suffit de cliquer à l'endroit voulu pour y placer le point d'insertion, puis de taper les touches requises pour produire le ou les caractères manquants. Le texte existant se décale alors autant que nécessaire vers la droite. Vous voilà sauvé !

Ajouter des espaces et créer des retours à la ligne

Vous avez désormais toutes les clés en main pour saisir les nombreux caractères de la langue française. Mais pour que votre texte soit intelligible, encore faut-il que vous ajoutiez des espaces entre les mots. Souvent, vous ne voudrez pas non plus saisir toutes les phrases les unes à la suite des autres : vous obtiendriez au final des pages remplies de caractères que vos lecteurs trouveraient particulièrement indigestes !

Le clavier propose deux touches essentielles pour espacer les mots et commencer de nouvelles lignes dès que nécessaire :

- La **barre d'espace**, qui occupe la majeure partie de la dernière ligne du pavé central et qui insère un banal espace entre des caractères. Pour l'utiliser, tapez-la, simplement, et relâchez-la.
- La grosse touche **Entrée**, qui se situe dans la partie droite du pavé central et qui crée un nouveau paragraphe. Tant que vous n'appuyez pas sur cette touche, le programme place tous les caractères et espaces saisis les uns à la suite des autres et poursuit cette inscription à la ligne suivante uniquement lorsqu'il atteint le bord droit de la page. Si vous voulez le forcer à commencer une nouvelle ligne et, donc, un nouveau paragraphe à un autre moment, vous devez taper puis relâcher la touche **Entrée**.

L'espace et la marque de paragraphe constituent des caractères un peu à part. Dans beaucoup de programmes, en effet, et sur la sortie papier des documents, ils restent invisibles, d'où leur qualificatif de caractères « non imprimables ». Si vous travaillez dans Microsoft Word, néanmoins, vous pouvez les démasquer. Je vous sens tenté… Cliquez sur le bouton **Afficher/Masquer ¶** dans la barre d'outils **Standard**. Aussitôt, tous les espaces entre les mots sont représentés par un petit point, tandis que les fins de paragraphes sont matérialisées par une marque de paragraphe ¶. Vous pouvez ainsi mieux contrôler si vous n'avez pas ajouté d'espace en trop, notamment. Et si finalement, tous ces points et marques de paragraphes vous ennuient, il vous suffit de cliquer de nouveau sur le bouton **Afficher/Masquer ¶** pour qu'ils disparaissent de votre vue.

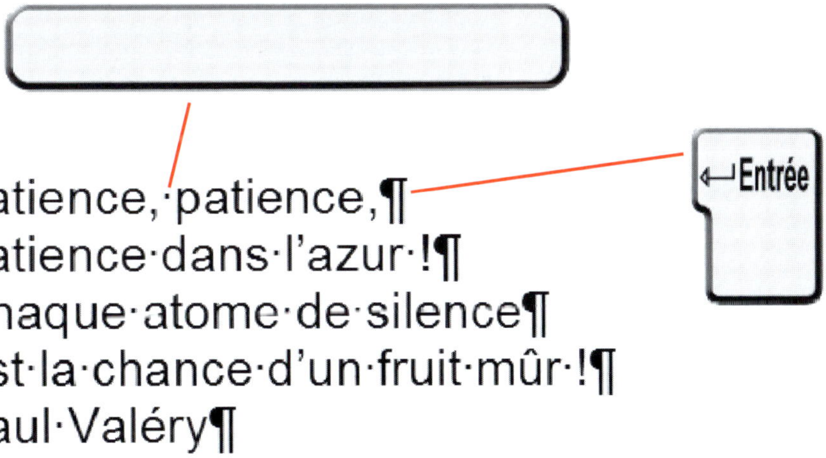

Des espaces bien gérés grâce à la touche Tab

Lors de la présentation détaillée de la touche **Tab** dans le chapitre 2, vous avez découvert que cette touche située au début de la deuxième ligne du pavé central permettait de créer des colonnes rigoureuses de manière bien plus efficace et fiable que la **barre d'espace** grâce à des tabulations. Vous aurez également tout intérêt à abandonner la **barre d'espace** au profit de la touche **Tab** si voulez mettre la première ligne de certains paragraphes en retrait et si le programme dans lequel vous travaillez ne propose pas de mise en forme correspondante.

Juste après avoir appuyé sur la touche **Entrée** pour créer un nouveau paragraphe, tapez puis relâchez la touche **Tab**. Saisissez ensuite le texte du paragraphe. La première ligne commence alors plus à droite que les autres du paragraphe. Tous les paragraphes que vous créerez ainsi débuteront par une ligne commençant au même niveau. Harmonie garantie !

Juste un petit rappel : si vous travaillez dans Word et si vous avez affiché les caractères non imprimables, ne vous étonnez pas de voir de petites flèches noires au début de vos paragraphes : celles-ci matérialisent les tabulations qui créent les retraits. Mais n'ayez crainte : elles ne seront pas imprimées. Votre texte sera juste joliment aéré.

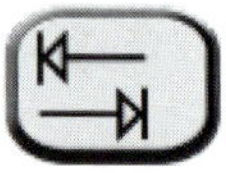

→ La·bêtise·a·deux·manières·d'être·:·elle·se·tait·ou·elle·parle.·La·bêtise·muette·est·supportable.¶

→ Honoré·de·Balzac¶

Supprimer du texte

S'il est important de maîtriser les règles de saisie, il est tout aussi fondamental de savoir comment effacer des caractères que vous auriez ajoutés à tort. Non pas que je mette vos compétences en doute (loin de moi cette idée !), mais il est fréquent de devoir revoir et modifier un texte avant d'atteindre la perfection.

Trois touches peuvent vous servir dans la suppression de caractères : **Retour arrière** (située à l'extrême droite de la première ligne du pavé central), **Suppr** (placée au début de la deuxième ligne du pavé directionnel) et **Inser** (placée au début de la première ligne du pavé directionnel).

- Pour supprimer un seul caractère, cliquez juste après lui et tapez puis relâchez la touche **Retour arrière**, ou cliquez juste avant lui et tapez puis relâchez la touche **Suppr**.
- Pour supprimer un bloc de texte quelconque, sélectionnez-le et tapez puis relâchez la touche **Retour arrière** ou **Suppr**.
- Pour supprimer des caractères en les remplaçant par d'autres, cliquez juste avant le premier d'entre eux, puis tapez la touche **Inser** et relâchez-la. Vous activez alors le mode de saisie *Refrappe*, dans lequel chaque caractère tapé se substitue à celui qui suit le point d'insertion. Saisissez ensuite le texte souhaité. Après avoir terminé, tapez puis relâchez de nouveau la touche **Inser** pour quitter le mode Refrappe.

note Dès lors qu'un texte est sélectionné et que vous saisissez de nouveaux caractères, ceux-ci remplacent tous ceux qui étaient sélectionnés, quel que soit le nombre de caractères tapés et de caractères sélectionnés.

Et maintenant, en route pour le chapitre 5 où vous allez pouvoir mettre en pratique vos toutes nouvelles connaissances en matière de saisie. Que vos doigts se tiennent prêts !

chapitre 5

30 exercices pour s'entraîner

Vous voici maintenant maître des 105 touches du clavier standard : plus une ne vous résiste ! Il serait toutefois dommage d'en rester à la théorie et de ne pas renforcer ces connaissances en les mettant en pratique. Ce chapitre vous propose à cette fin 30 exercices pour vous entraîner à la saisie. Vous pouvez les réaliser dans l'ordre ou au gré de votre inspiration. Sachez simplement que les premiers sont un peu plus faciles que les derniers. Dans tous les cas, bonne chance !

Je saisis un mot composé

col-de-cygne

Du porte-monnaie au timbre-poste en passant par le garde-boue ou le casse-croûte, la langue française fourmille de mots composés de plusieurs termes séparés par un ou plusieurs traits d'union. Mais ses créateurs ont-ils seulement pensé à vous, pauvre utilisateur qui allait devoir saisir tous ces drôles de mots ? Peu importe, finalement, vous allez vous en sortir brillamment.

Regardez la première ligne du pavé central de votre clavier et observez la partie centrale : deux touches sont marquées d'un trait horizontal : **6** (celle où figure un petit tiret -) et **8** (celle où figure un plus long tiret _). Comment choisir ? En tirant à pile ou face ? Risqué… En réalité, vous n'avez pas le choix : il vous faut utiliser la touche **6**, puisque l'autre (**8**) n'insère pas de trait d'union, mais un caractère de soulignement. Pour bien mémoriser cette touche, que diriez-vous de saisir *col-de-cygne* ? Les plombiers seront ravis !

1 Tapez successivement les touches **C**, **O** et **L**. *N'appuyez pas* sur la **barre d'espace** : le trait d'union doit suivre immédiatement le l.

2 Appuyez sur la touche **6** et relâchez-la. Là non plus, *n'appuyez pas* sur la **barre d'espace** : le deuxième mot doit commencer juste après le trait d'union.

3 Tapez successivement les touches **D** et **E**, et bien sûr, vous l'avez compris, n'appuyez pas sur la **barre d'espace**.

4 Appuyez sur la touche **6** et relâchez-la. Continuez d'ignorer la **barre d'espace**, puisque le troisième mot doit commencer juste après le deuxième trait d'union.

5 Tapez successivement les touches **C**, **Y**, **G**, **N** et **E**. Vous venez de saisir un objet technique sans vous salir les doigts. Vous n'avez même pas eu besoin de pinces ni de clés !

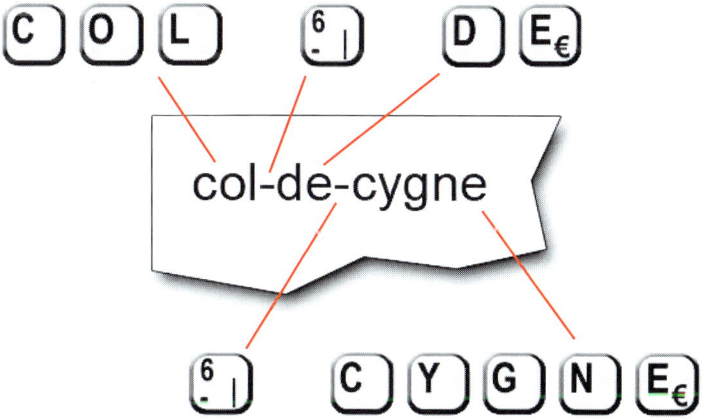

Je saisis une date dans un courrier

Nice, le 31 décembre 2004

Il existe plusieurs manières d'exprimer une date. Vous pouvez notamment inscrire le nom du jour et du mois en toutes lettres ou en chiffres. Dans un courrier, néanmoins, mieux vaut opter pour la première solution si vous ne voulez pas vous faire remarquer ! Il est en outre de rigueur de faire précéder cette date du nom du lieu où vous écrivez la lettre. Que diriez-vous de prendre comme exemple le dernier jour de cette année, le *31 décembre 2004* ? Nous supposerons que vous résidez sous le soleil de *Nice*.

OÙ LA TROUVER ?

1 Pour créer le N majuscule, appuyez sur la touche **Maj** à l'extrême gauche de l'avant-dernière ligne du pavé central et ne la relâchez pas.

2 En maintenant toujours la touche **Maj** enfoncée, tapez la touche **N** et relâchez-la.

3 Relâchez la touche **Maj**.

4 Tapez successivement les touches **I**, **C** et **E**.

5 Si votre doigt se dirige vers la **barre d'espace**, retenez-le : une virgule ne doit jamais être précédée d'un espace.

Par conséquent, tapez aussitôt la touche **,** dans l'avant-dernière ligne du pavé central et relâchez-la pour ajouter la virgule.

6 Appuyez sur la **barre d'espace** et relâchez-la. Cette fois, en effet, l'espace est indispensable : la virgule s'accole au terme qui la précède mais doit être séparée de celui qui la suit.

7 Tapez successivement les touches **L** et **E**.

8 Appuyez sur la **barre d'espace** pour séparer le mot *le* de *31*.

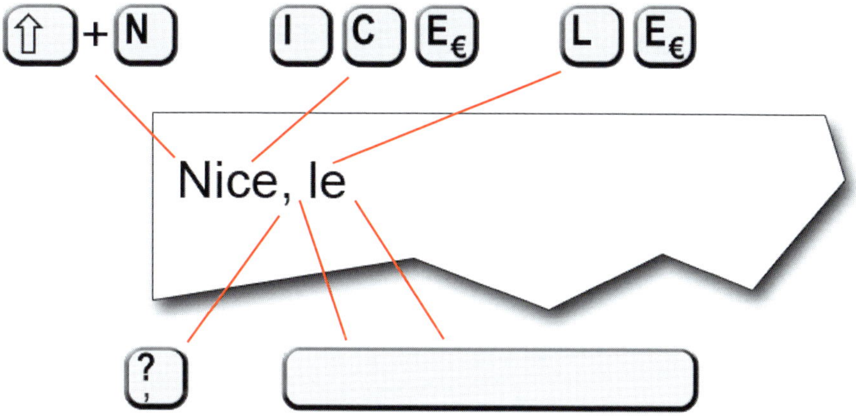

OÙ LA TROUVER ?

9 Avant de saisir les chiffres depuis le pavé numérique dans la partie droite du clavier, vérifiez que celui-ci est verrouillé : le témoin **Num Lock** doit être allumé. S'il ne l'est pas, appuyez sur la touche **Verr Num** dans l'angle supérieur gauche du pavé et relâchez-la.

10 Dans le pavé numérique, tapez successivement les touches **3** et **1**.

11 Appuyez sur la **barre d'espace** pour séparer *31* du mot *décembre*.

12 Tapez successivement les touches **D**, **2**, **C**, **E**, **M**, **B**, **R** et **E**.

13 Cette fois, je vous laisse deviner la touche sur laquelle appuyer pour séparer le mot *décembre* de *2004*. La **barre d'espace**, effectivement !

14 Dans le pavé numérique, tapez la touche **2** et relâchez-la.

15 Sans quitter le pavé numérique, appuyez deux fois sur la touche **0**.

16 Tapez finalement la touche **4** dans le pavé numérique et relâchez-la. Il ne vous reste plus qu'à saisir la suite de votre lettre.

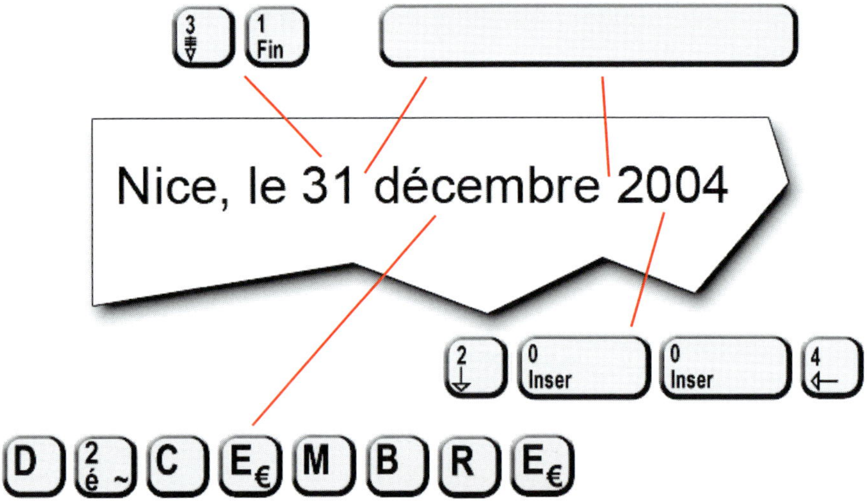

Des chiffres sans pavé numérique

N'importe quel chiffre peut tout aussi bien être inséré depuis le pavé central que depuis le pavé numérique. Il suffit de maintenir la touche **Maj** enfoncée pendant que vous appuyez sur la touche du chiffre souhaité dans le pavé central. Aucune méthode n'est préférable à l'autre. L'utilisation du pavé numérique me semble plus simple et rapide, car cette zone du clavier ressemble trait pour trait à une calculatrice (outil auquel beaucoup de personnes sont depuis longtemps habituées), mais tout est une histoire de goût ! Adoptez la technique qui vous convient le mieux.

exercice 3

Je saisis une heure

23:59

Observez votre magnétoscope, votre four à micro-ondes ou votre téléphone portable : le temps où l'heure était indiquée par des aiguilles sur un cadran circulaire est révolu. Désormais, l'heure et les minutes sont indiquées en chiffres et séparées par le signe de ponctuation deux-points. Entre nous soit dit, heureusement pour vous. Imaginez que vous deviez recréer des aiguilles depuis votre clavier ! Grâce à cette écriture moderne, il vous suffit d'utiliser la touche :. Prêt à saisir *23:59* ?

OÙ LA TROUVER ? **Verr Num**

1 Nous allons saisir les chiffres depuis le pavé numérique qui occupe la partie droite du clavier. Pour que cette technique fonctionne, vérifiez que ce pavé est verrouillé : vous obtiendrez sinon d'étranges résultats, comme des déplacements impromptus du point d'insertion. Pour que vous restiez maître de la situation, le témoin **Num Lock** doit être allumé. S'il ne l'est pas, appuyez sur la touche **Verr Num** dans l'angle supérieur gauche du pavé et relâchez-la.

2 Dans le pavé numérique, tapez successivement les touches **2** et **3**.

3 Revenez dans le pavé central et approchez-vous de l'avant-dernière ligne : appuyez sur la touche **:** et relâchez-la.

4 Un dernier détour par le pavé numérique, et vous serez quitte : tapez-y successivement les touches **5** et **9**. Plus qu'une minute, et votre journée sera terminée !

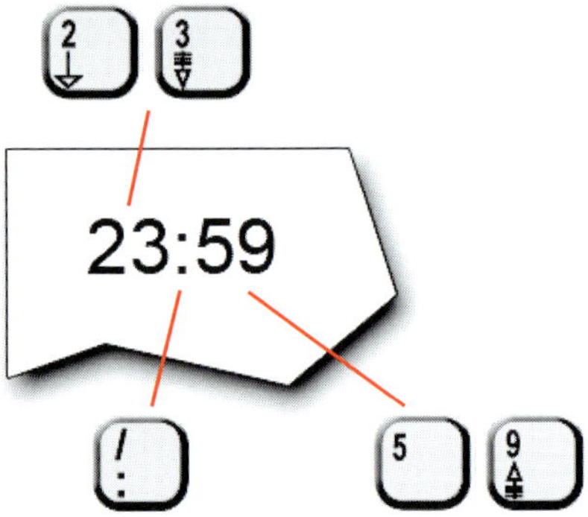

Des espaces qui apparaissent tout seuls

Si vous travaillez dans Microsoft Word, celui-ci aura probablement inséré un espace avant les deux points de l'étape 3. Normalement, ce signe de ponctuation doit en effet être suivi et précédé d'un espace. La saisie d'une heure fait partie des rares exceptions. Pour vous éviter des oublis malencontreux, Word se charge donc d'ajouter l'espace requis avant le symbole. Ne lui en veuillez pas : vous lui en serez très souvent reconnaissant. Ici, toutefois, montrez-lui que vous aurez toujours le dernier mot. Après l'étape 3, tapez la touche **Flèche Gauche** dans le pavé directionnel pour déplacer le point d'insertion avant le signe deux-points, appuyez sur la touche **Retour arrière** dans l'angle supérieur gauche du pavé central pour supprimer l'espace et tapez la touche **Flèche Droite** dans le pavé directionnel pour replacer le point d'insertion après le signe deux-points.

exercice 4

Je saisis un numéro de téléphone

01/43/98/80/00

Tous les numéros de téléphone français classiques possèdent huit chiffres, généralement inscrits par groupes de deux pour améliorer la lisibilité. Vous pouvez séparer ces paires par des espaces, des tirets ou des barres obliques. Votre esprit futé a sans doute déjà compris comment insérer des espaces quand vous optez pour cette mise en forme : il faut en effet appuyer sur la **barre d'espace**. Et si je vous demandais de taper plutôt des tirets ? Je sens votre mémoire en ébullition... Effectivement, vous avez déjà appris à insérer ces caractères dans l'exercice 1 consacré aux mots composés : c'est en tapant la touche **6** dans la première ligne du pavé central que s'obtient le trait d'union. Peu importe que celui-ci soit précédé ou suivi de lettres ou de chiffres.

Il ne nous reste donc plus qu'à voir en détail la saisie d'un numéro de téléphone constitué de chiffres séparés par des barres obliques. Essayons par exemple le *01/43/98/80/00*. Un numéro fort intéressant dont vous ne connaîtrez le détenteur que si vous réussissez cet exercice !

note La barre oblique est parfois appelée « slash », surtout en informatique. Évitez toutefois cet anglicisme et préférez-lui le bon vieux terme « barre oblique » pour que notre belle langue perdure.

1 Tapez la touche **Verr Maj** dans la partie gauche du pavé central et relâchez-la pour basculer en mode Majuscules. Le témoin **Caps Lock** s'allume au-dessus du pavé numérique. Chaque touche sur laquelle vous appuierez désormais dans le pavé central produira un caractère majuscule sans que vous ayez besoin d'utiliser la touche **Maj**.

2 Dans la première ligne du pavé central, tapez successivement les touches **0** et **1**.

3 Dans l'avant-dernière ligne du pavé central, appuyez sur la touche **/** pour insérer une première barre oblique et relâchez-la.

4 Dans la première ligne, tapez successivement les touches **4** et **3**.

5 Dans l'avant-dernière ligne, appuyez sur la touche **/** et relâchez-la.

6 Dans la première ligne, tapez successivement les touches **9** et **8**.

7 Dans l'avant-dernière ligne, appuyez sur la touche **/** et relâchez-la.

8 Dans la première ligne, tapez successivement les touches **8** et **0**.

9 Dans l'avant-dernière ligne, appuyez sur la touche **/** et relâchez-la.

10 Dans la première ligne, tapez deux fois la touche **0** pour terminer le numéro. Pensez maintenant à l'organisme chargé de cartographier toutes nos belles régions… Une idée ? Eh oui, le propriétaire de ce numéro n'est autre que le service d'accueil de l'IGN (Institut Géographique National).

11 Attention, nous n'allons pas vous libérer comme ça ! Pour éviter les mauvaises surprises lors de vos prochaines saisies, vous devez désactiver le mode Majuscules. La technique à employer dépend de votre clavier, mais vous ne pouvez pas la connaître avant d'avoir testé les deux possibles. Rassurez-vous, cela ne prend que quelques secondes. Appuyez sur la touche **Verr Maj** et relâchez-la. Si le témoin **Caps Lock** s'éteint au-dessus du pavé numérique, vous pouvez en conclure que cette touche sert bien à désactiver le mode Majuscules. Sinon, tapez la touche **Maj** et relâchez-la : le témoin **Caps Lock** s'éteint, et vous savez désormais que sur votre clavier, le mode Majuscules se désactive grâce à la touche **Maj**.

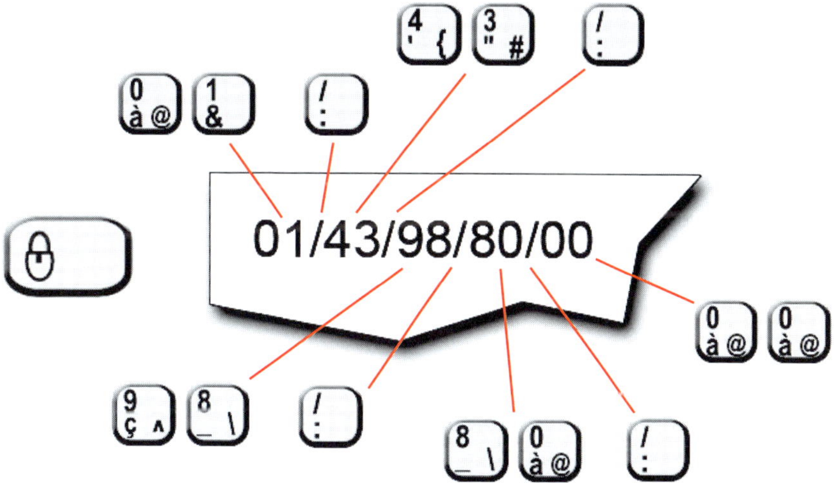

exercice 5

Je saisis un prix en euros

```
3,90 €
```

L'arrivée de l'euro n'a pas seulement bouleversé vos achats et la gestion de vos comptes : elle a également entraîné des changements dans le clavier, puisque les fabricants ont dû prévoir une touche pour le symbole €. En fait, celui-ci figure sur la touche **E**. Et pourtant, vous avez beau appuyer sur cette dernière, seule la lettre e apparaît dans votre document. À croire que le € n'est là qu'à titre décoratif ! Croyez-moi, il n'en est rien. Imaginez une belle rose rouge qui coûte *3,90* €.

OÙ LA TROUVER ?

1. Appuyez sur la touche **Maj** à l'extrême gauche de l'avant-dernière ligne du pavé central et ne la relâchez pas.
2. En maintenant toujours la touche **Maj** enfoncée, tapez la touche **3** dans la ligne supérieure du pavé central et relâchez-la.
3. Relâchez la touche **Maj**.
4. Tapez la touche **,** dans la dernière ligne du pavé central et relâchez-la pour ajouter la virgule.

OÙ LA TROUVER ?

note Même si vous rencontrez parfois des nombres décimaux avec un point comme séparateur (3.90 €, par exemple), ne vous laissez pas induire en erreur : en français, vous devez utiliser la virgule comme séparateur décimal. Le point s'emploie uniquement dans les langues anglo-saxonnes. De même, les milliers se séparent par un espace en français, et une virgule en anglais : nous écrirons donc 21 563 147 là où un Londonien saisira 21,563,147, par exemple.

5 L'exception confirme la règle : une virgule est normalement suivie d'un espace, sauf dans des éléments comme des nombres décimaux. Pas d'appui sur la **barre d'espace**, donc. Appuyez au contraire sur la touche **Maj** pour activer temporairement le mode Majuscules et ne la relâchez pas.

6 En maintenant toujours la touche **Maj** enfoncée, tapez successivement les touches **9** et **0** dans la ligne supérieure du pavé central.

7 Relâchez la touche **Maj**.

8 Appuyez cette fois sur la **barre d'espace** pour ajouter un espace entre la valeur et le symbole de l'euro, puis relâchez-la.

9 Dans la dernière ligne du pavé central, appuyez sur la touche **Alt Gr** et ne la relâchez pas.

10 En maintenant toujours la touche **Alt Gr** enfoncée, tapez la touche **E** et relâchez-la.

11 Relâchez la touche **Alt Gr**. Si le cœur vous en dit, vous pouvez maintenant aller acheter cette rose pour votre épouse !

OÙ LA TROUVER ? Alt Gr

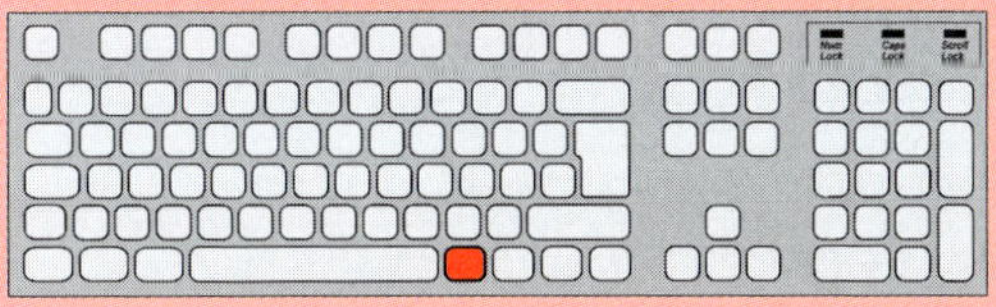

OÙ LA TROUVER ? E €

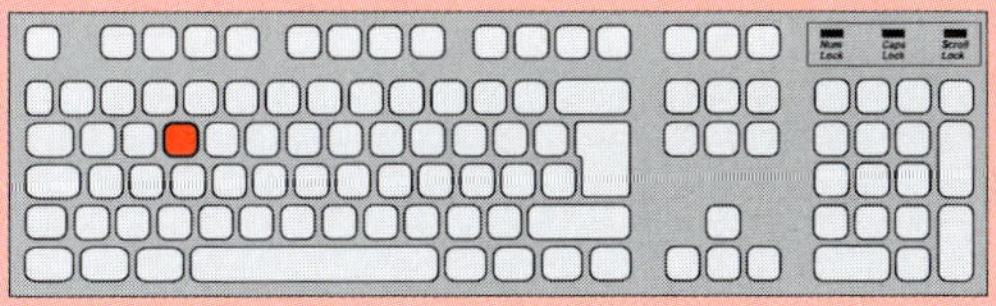

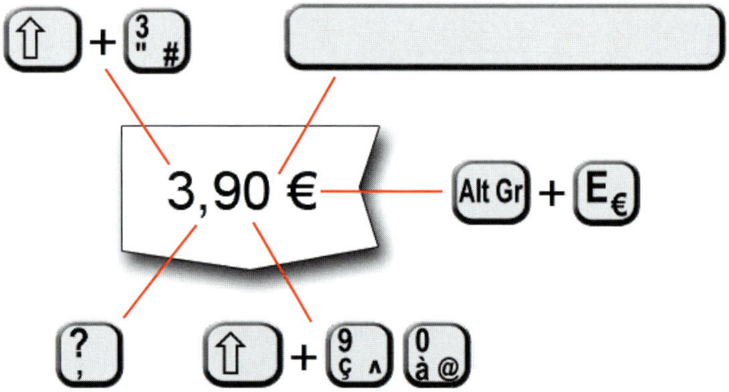

Ne séparez pas la valeur de son unité

Dans des blocs d'informations comme un prix, une mesure ou un mois suivi d'une année, il vaut mieux éviter que la première partie du texte se situe à la fin d'une ligne et que la deuxième partie (celle qui suit l'espace) se retrouve au début de la ligne suivante. Cela oblige sinon l'œil du lecteur à faire une gymnastique de haut vol pour que l'esprit interprète correctement l'information donnée. Réservez plutôt les entraînements sportifs à vos biceps ou à vos quadriceps.

Si vous travaillez dans Microsoft Word, vous pouvez faire en sorte qu'une valeur et son unité, ou un mois et son année restent solidaires en n'insérant pas un banal espace, mais un *espace insécable*. Ce symbole indique au logiciel qu'il doit considérer l'espace et les caractères qui le précèdent et le suivent comme un bloc de texte unique à ne pas scinder. Pour ajouter un espace insécable dans Word, appuyez à la fois sur les touches **Maj** et **Ctrl** en bas à gauche du clavier et ne les relâchez pas. En maintenant toujours ces deux touches enfoncées, tapez la **barre d'espace**, puis relâchez les trois touches.

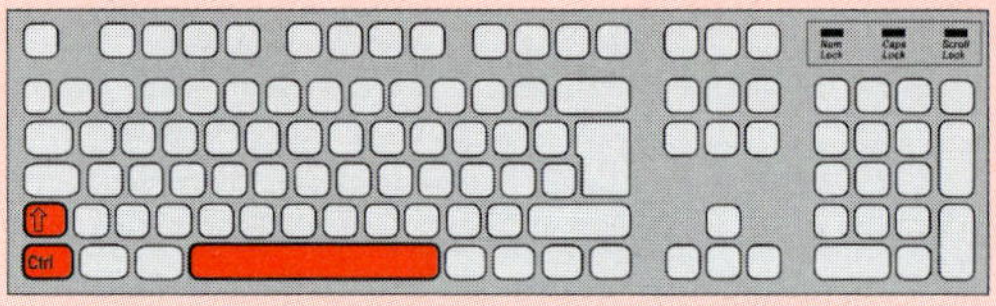

Je saisis une température

37° C

Même si vous préférez la littérature aux sciences, vous savez sans doute que l'eau bout à cent degrés et gèle à zéro degré. Vous n'ignorez pas non plus que la température corporelle doit avoisiner trente-sept degrés. Mais seriez-vous capable de saisir ces valeurs ? Si vous avez le moindre doute, réalisez donc ce petit exercice, qui explique comment taper *37° C*.

OÙ LA TROUVER ?

1 Avant de saisir les chiffres depuis le pavé numérique dans la partie droite du clavier, assurez-vous que celui-ci est verrouillé : le témoin **Num Lock** doit être allumé. S'il ne l'est pas, appuyez sur la touche **Verr Num** dans l'angle supérieur gauche du pavé et relâchez-la.

2 Dans le pavé numérique, tapez successivement les touches **3** et **7**.

OÙ LES TROUVER ?

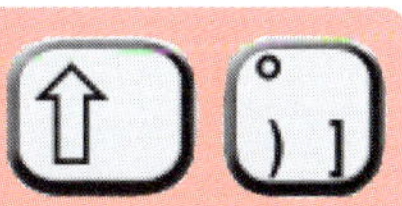

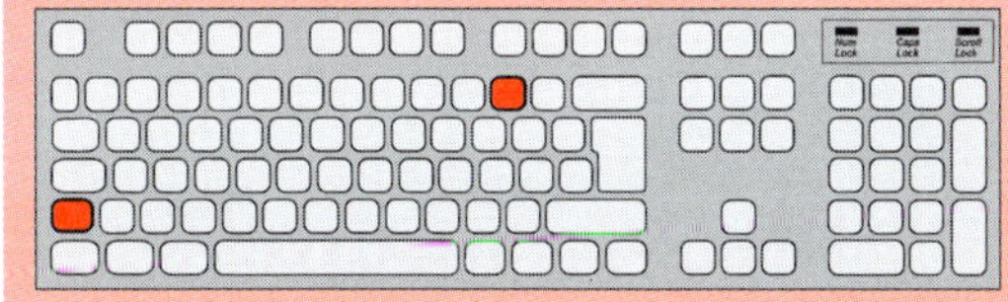

3 Le petit rond qui matérialise l'unité degré devant suivre immédiatement la valeur chiffrée, ne tapez surtout pas la **barre d'espace**. Le symbole recherché figurant en revanche dans l'angle supérieur gauche d'une touche marqué de plusieurs caractères, il s'insère selon le même principe que les majuscules. Appuyez par conséquent sur la touche **Maj** à l'extrême gauche de l'avant-dernière ligne du pavé central et ne la relâchez pas.

4 En maintenant toujours la touche **Maj** enfoncée, tapez la touche **°** dans la partie droite de la première ligne du pavé central et relâchez-la.

5 Relâchez la touche **Maj**.

6 Pour éviter toute confusion, nous allons préciser qu'il s'agit de degrés Celsius, et non pas Fahrenheit, par exemple, en ajoutant un C majuscule. Celui-ci devant être séparé du 37° par un espace, appuyez sur la **barre d'espace** et relâchez-la.

7 Appuyez sur la touche **Maj** et ne la relâchez pas.

8 En maintenant toujours la touche **Maj** enfoncée, tapez la touche **C** et relâchez-la.

9 Relâchez la touche **Maj**. Vous pouvez désormais communiquer votre température corporelle à votre médecin. N'oubliez surtout pas le C, car si les 37° étaient considérés comme des degrés Fahrenheit, vous seriez en phase de cryogénisation avancée, avec une température corporelle voisine de 2,8 degrés Celsius !

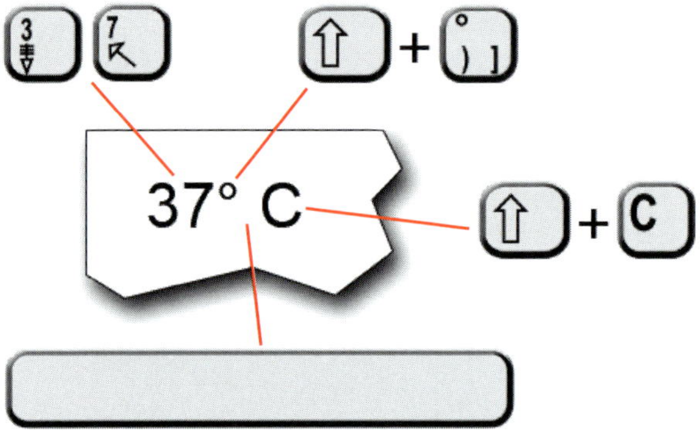

Majuscules : les touches jumelles

Dès que vous devez utiliser la touche **Maj** dans un exercice, je vous indique pour plus de clarté d'utiliser la touche **Maj** située au début de l'avant-dernière ligne du pavé central. Toutefois, n'oubliez pas ce que vous avez appris au chapitre 2 : il existe deux exemplaires de cette touche. Vous souvenez-vous de l'emplacement du deuxième ? Tout simplement à l'extrême droite de cette même avant-dernière ligne. Ne croyez pas que les fabricants d'ordinateurs se soient amusés à remplir le clavier au hasard. Plus vous pratiquerez la saisie, plus vous recourrez aux deux touches **Maj**. Vous vous habituerez en effet à choisir plutôt l'une ou l'autre en fonction de la touche à taper simultanément.

exercice 7

Je saisis la fréquence d'une station de radio

```
104.3 MHz
```

Il existe tant de stations de radios dans notre pays qu'il peut être intéressant de répertorier les fréquences de celles que vous préférez dans un petit document. Cela se révèle d'autant plus utile si vous les écoutez en modulation de fréquence (FM), car leur fréquence change alors en fonction de la région où vous vous trouvez. Le site Web `www.brume.org/radios/` permet de connaître instantanément la fréquence de n'importe quelle station de radio en fonction de votre lieu de résidence. Il ne vous reste ensuite plus qu'à saisir celles qui vous intéressent dans votre document. Prenons l'exemple de RTL (que les auditeurs de France Inter, d'Europe 1 et de toutes les autres radios me pardonnent !) qui s'écoute sur *104.3 MHz* en FM en Île de France.

OÙ LA TROUVER ?

1 Tapez la touche **Verr Maj** dans la partie gauche du pavé central et relâchez-la pour basculer en mode Majuscules. Le témoin **Caps Lock** s'allume au-dessus du pavé numérique. Chaque touche sur laquelle vous appuierez désormais dans le pavé central produira un caractère majuscule sans que vous ayez besoin d'utiliser la touche **Maj.**

2 Dans la première ligne du pavé central, tapez successivement les touches **1**, **0** et **4**.

3 Pour insérer le point, il vous suffit d'appuyer sur la touche **.** dans l'avant-dernière ligne du pavé central et de la relâcher, puisque le mode Majuscules est toujours activé.

4 Dans la première ligne du pavé central, tapez la touche **3** et relâchez-la.

5 Pour être complet, nous allons ajouter l'abréviation MHz, car la fréquence d'une station de radio s'exprime toujours en Mégahertz, même si cette information est rarement donnée explicitement. Pour séparer la fréquence de l'unité *MHz*, appuyez sur la **barre d'espace** et relâchez-la. Le fait que le mode Majuscules soit activé reste sans incidence sur l'effet produit par la **barre d'espace**.

6 Tapez successivement les touches **M** et **H**. Les lettres M et H apparaissent bien en majuscules, puisque le mode Majuscules est toujours activé.

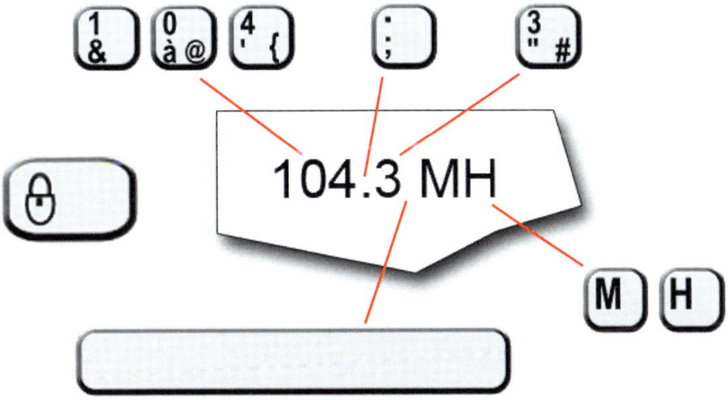

7 La dernière lettre (le z) devant être saisi en minuscule, il faut désactiver le mode Majuscules. Tapez de nouveau la touche **Verr Maj** et relâchez-la. Le mode Majuscules ne se désactivant pas de la même manière sur tous les claviers, il se peut que le témoin **Caps Lock** reste allumé au-dessus du pavé numérique. Si tel est le cas, appuyez sur la touche **Maj** et relâchez-la.

8 Tapez la touche **Z** et relâchez-la. Voilà une première fréquence précieusement consignée !

exercice 8

Je saisis un numéro de sécurité sociale

2 50 11 68 073 015 82

Ah, ce fameux numéro de sécurité sociale qu'il vous faut réécrire sans cesse sur les feuilles de soin ! L'informatique vous offre au moins l'avantage de la saisie unique. Après avoir tapé votre numéro, en effet, vous pouvez le copier-coller autant de fois que nécessaires. Pour vous exercer, nous vous proposons au hasard le numéro *2 50 11 68 073 015 82*. Qui sait si un lecteur ne va pas se reconnaître ?

OÙ LA TROUVER ? Verr Num

1 Un numéro de sécurité sociale se composant exclusivement de chiffres (treize suivis de deux pour la clé de contrôle), nous allons tous les saisir depuis le pavé numérique dans la partie droite du clavier. Vérifiez donc d'abord que celui-ci est verrouillé : le témoin **Num Lock** doit être allumé. S'il ne l'est pas, appuyez sur la touche **Verr Num** dans l'angle supérieur gauche du pavé et relâchez-la.

2 Le premier chiffre indique le sexe de la personne. Pour une femme, comme dans notre exemple, tapez la touche **2** dans le pavé numérique et relâchez-la.

3 Pour ajouter un espace séparateur, appuyez sur la **barre d'espace** et relâchez-la.

4 Dans le pavé numérique, tapez successivement les touches **5** et **0** pour indiquer l'année de naissance de la personne.

5 Pour ajouter un espace séparateur, appuyez sur la **barre d'espace** et relâchez-la.

6 Dans le pavé numérique, tapez deux fois la touche **1** et relâchez-la pour indiquer dans le mois de naissance de la personne.

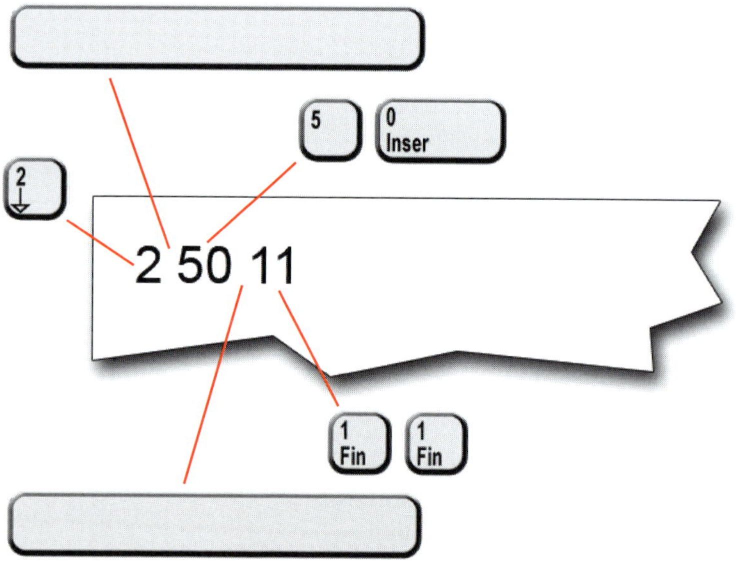

7 Appuyez sur la **barre d'espace** et relâchez-la.

8 Les deux chiffres suivants indiquent le département de naissance de la personne. Tapez successivement les touches **6** et **8** dans le pavé numérique.

9 Appuyez sur la **barre d'espace** et relâchez-la.

10 Dans le pavé numérique, tapez successivement les touches **0**, **7** et **3** pour saisir le numéro INSEE de la commune de naissance de la personne.

11 Appuyez sur la **barre d'espace** et relâchez-la. Ne désespérez pas, nous avons presque terminé !

12 Dans le pavé numérique, tapez successivement les touches **0**, **1** et **5** pour indiquer le numéro d'ordre.

13 Appuyez une dernière fois sur la **barre d'espace** et relâchez-la.

14 Les deux derniers chiffres correspondent à la clé de contrôle. Tapez successivement les touches **8** et **2** dans le pavé numérique. Mission accomplie ! Ne croyez-vous pas qu'il serait maintenant intéressant et utile de vous entraîner à saisir votre propre numéro de sécurité sociale ?

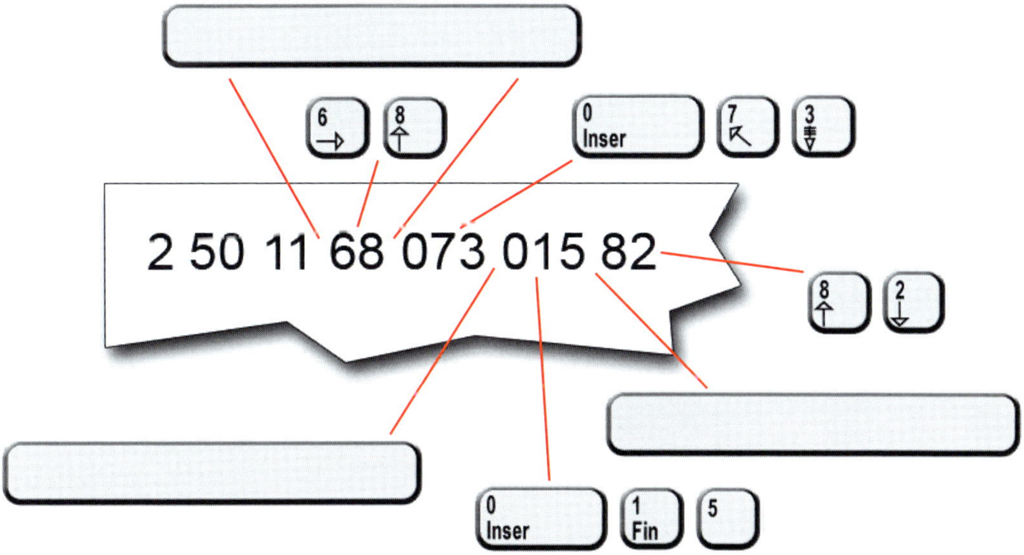

exercice 9

Je saisis une plaque d'immatriculation

8692 SH 14

Amis lecteurs qui ne possédez pas de voiture, s'il vous plaît, ne passez pas tout de suite à l'exercice suivant. Deux entraînements valent mieux qu'un, n'est-ce pas ? Et n'oubliez pas que les plaques d'immatriculation françaises se composent toutes de chiffres et de lettres, comme certaines références de comptes bancaires, par exemple. En réalisant cet exercice, vous vous exercez donc sans doute sans le savoir à saisir également un autre type d'information. Imaginons la plaque d'un automobiliste immatriculé dans le Calvados : *8692 SH 14*.

1 Appuyez sur la touche **Verr Maj** dans la partie gauche du pavé central et relâchez-la. Au-dessus du pavé numérique, le témoin **Caps Lock** s'allume, indiquant que vous travaillez en mode Majuscules. Vous allez ainsi pouvoir saisir les chiffres et les majuscules de la plaque d'immatriculation sans maintenir la touche **Maj** enfoncée ni recourir au pavé numérique.

2 Dans la première ligne du pavé central, tapez successivement les touches **8**, **6**, **9** et **2**.

3 Pour insérer un espace entre le premier bloc de chiffres et les deux lettres, appuyez sur la **barre d'espace** et relâchez-la. Le fait d'être en mode Majuscules n'a aucune incidence sur cette touche.

4 Tapez successivement les touches **S** et **H**. Ces deux lettres apparaissent bien en majuscules.

5 Appuyez de nouveau sur la **barre d'espace** et relâchez-la.

6 Dans la première ligne du pavé central, tapez successivement les touches **1** et **4**.

7 À moins de vouloir vous entraîner à taper d'autres plaques fictives ou réelles, désactivez le mode Majuscules en tapant de nouveau la touche **Verr Maj** et en la relâchant. Si le témoin **Caps Lock** reste allumé, votre clavier utilise une autre technique de désactivation : tapez alors la touche **Maj** et relâchez-la. Réussite garantie !

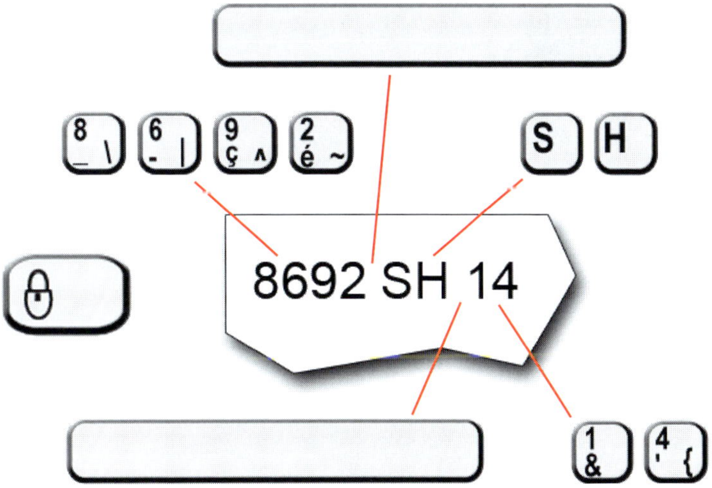

exercice 10

Je saisis un sigle et sa signification

```
OMC (Organisation
Mondiale du Commerce)
```

Difficile de faire un choix pour cet exemple parmi les innombrables sigles auxquels nous pouvons être confrontés dans la presse, sur le Web, au cours d'une conversation entre amis, ou que sais-je encore. J'ai finalement retenu l'*OMC (Organisation Mondiale du Commerce)* à cause de l'importance considérable de cette organisation qui régit le commerce entre les pays. Songez qu'elle réunit pas moins de 147 états membres ! Mais ne nous égarons pas. L'important ici est de savoir taper son sigle et son libellé développé.

OÙ LA TROUVER ?

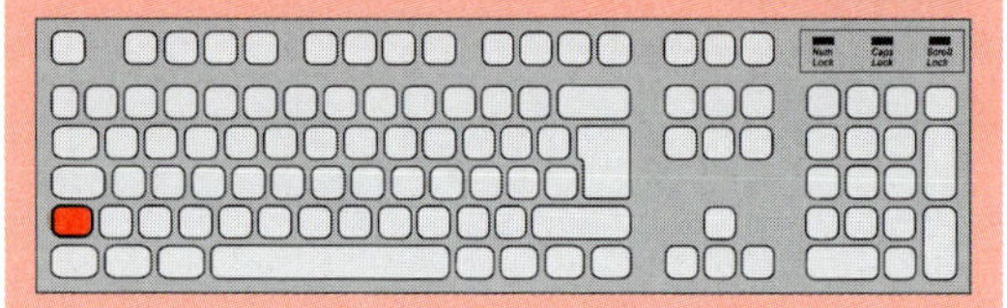

1 Pour saisir les trois premières majuscules, appuyez sur la touche **Maj** à l'extrême gauche de l'avant-dernière ligne du pavé central et ne la relâchez pas.

2 En maintenant toujours la touche **Maj** enfoncée, tapez successivement les touches **O**, **M** et **C**. Attention, ne fléchissez pas tant que vous n'avez pas saisi le C !

3 Relâchez enfin la touche **Maj**. Si vous sentez votre doigt tendu, je vous autorise à le laisser se dégourdir quelques instants !

4 Dans un texte courant, une parenthèse ouvrante (doit toujours être précédée d’un espace. Pour insérer ce dernier, tapez la **barre d’espace** et relâchez-la.

5 Appuyez sur la touche **5** située vers le centre de la première ligne du pavé central et relâchez-la.

6 Si vous vouliez ajouter un espace, résistez à la tentation : une parenthèse ouvrante (ne doit jamais être suivie d’un espace. Appuyez donc immédiatement sur la touche **Maj** qui va servir à la saisie du O majuscule et ne la relâchez pas.

7 En maintenant toujours la touche **Maj** enfoncée, tapez la touche **O** et relâchez-la.

8 Relâchez la touche **Maj**.

9 Tapez successivement les touches **R**, **G**, **A**, **N**, **I**, **S**, **A**, **T**, **I**, **O** et **N**.

10 Appuyez sur la **barre d’espace** et relâchez-la pour ajouter un espace entre les deux premiers mots dans les parenthèses.

11 Le mot *Mondiale* commençant également par une majuscule, appuyez sur la touche **Maj** et ne la relâchez pas.

12 En maintenant toujours la touche **Maj** enfoncée, tapez la touche **M** et relâchez-la.

13 Relâchez la touche **Maj**.

14 Tapez successivement les touches **O**, **N**, **D**, **I**, **A**, **L** ct **E**.

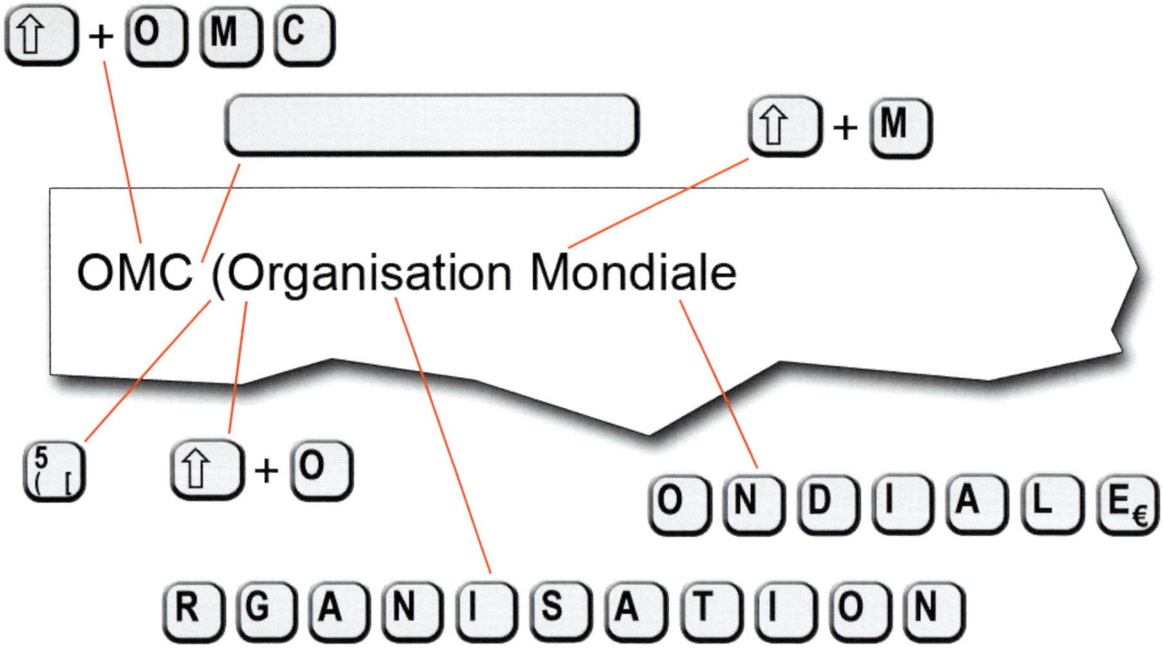

15 Appuyez sur la **barre d'espace** et relâchez-la.

16 Pas de majuscule, cette fois. Vous pouvez donc taper successivement les touches **D** et **U**, puis la **barre d'espace** pour ajouter dans la foulée l'espace indispensable après *du*.

17 Devinez maintenant la touche qu'il vous faut enfoncer pour saisir le C majuscule ? La touche **Maj**, effectivement. Ne la relâchez pas, surtout !

18 En maintenant toujours la touche **Maj** enfoncée, tapez la touche **C** et relâchez-la.

19 Relâchez la touche **Maj**.

20 Tapez successivement une fois la touche **O**, deux fois la touche **M**, puis une fois les touches **E**, **R**, **C** et **E**.

OÙ LA TROUVER ?

21 Un dernier effort, et vous aurez atteint votre but ! Une parenthèse fermante ne devant jamais être précédée d'un espace, il ne vous reste plus qu'à l'ajouter juste après *Commerce* en tapant la touche **)** située dans la partie droite de la première ligne du pavé central et en la relâchant.

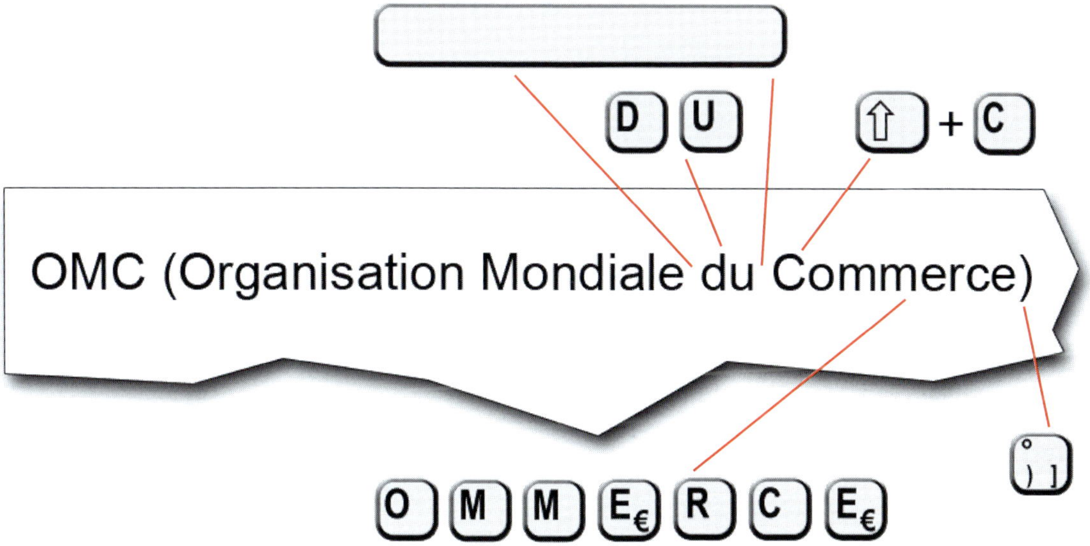

note

Dès lors qu'elle n'est pas suivie d'un point ou d'une virgule, une parenthèse fermante) doit être suivie d'un espace, inséré bien sûr par un appui sur la **barre d'espace**.

exercice 11

Je saisis le nom d'une société

Malbor & Cie

Certains noms de sociétés renferment un drôle de symbole pour remplacer le mot « et » : l'esperluette (&), parfois également appelé « E commercial ». Ce caractère s'emploie aussi dans quelques autres contextes, comme la programmation informatique. Il fait partie des lettres beaucoup plus faciles à taper au clavier qu'à écrire avec un crayon. Tentez l'expérience avec le nom *Malbor & Cie* !

OÙ LA TROUVER ?

1 Pour saisir le M majuscule, appuyez sur la touche **Maj** à l'extrême gauche de l'avant-dernière ligne du pavé central et ne la relâchez pas.

2 En maintenant toujours la touche **Maj** enfoncée, tapez la touche **M** et relâchez-la.

3 Relâchez la touche **Maj**.

4 Tapez successivement les touches **A**, **L**, **B**, **O** et **R**.

5 Appuyez sur la **barre d'espace** et relâchez-la pour ajouter un espace après *Calbor*.

6 Et voici le moment tant attendu… Avez-vous trouvé la touche de l'esperluette ? Regardez au début de la première ligne du pavé central… Tapez la touche **1**, simplement, et relâchez-la.

7 Comme n'importe quel mot, l'esperluette doit être à la fois précédée et suivie d'un espace. Appuyez par conséquent sur la **barre d'espace** et relâchez-la.

8 Appuyez sur la touche **Maj** et ne la relâchez pas.

9 En maintenant toujours la touche **Maj** enfoncée, tapez la touche **C** et relâchez-la.

10 Relâchez la touche **Maj**.

11 Tapez successivement les touches **I** et **E**. Voilà une affaire rondement menée !

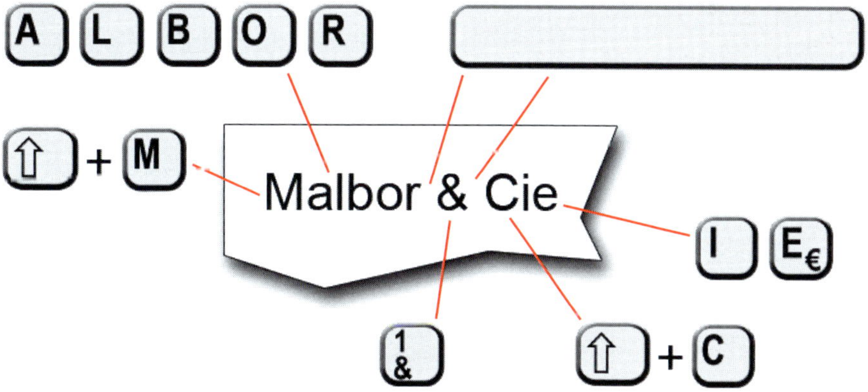

exercice 12

Je saisis une abréviation

km/s

Les abréviations se multiplient si rapidement dans notre langue qu'il devient parfois difficile d'identifier leur signification. Sans compter celles qui semblent évidentes et qui s'emploient pourtant souvent à tort… Par exemple, saviez-vous que « Me » signifie « Maître », et non pas « Madame » ? Ce dernier terme s'abrège en effet sous la forme « Mme ». Mais l'objectif ici n'est pas d'identifier les faux-amis. Prenons donc l'exemple d'une structure classique d'abréviation dans le domaine des unités de mesure : les *km/s* (kilomètres par seconde).

1 Tapez successivement les touches **K** et **M**. Vous constaterez que les concepteurs de clavier vous ont facilité la tâche en les plaçant presque côte à côte !

2 Pas d'appui sur la **barre d'espace**, puisque la barre oblique qui signifie « par » ne doit être ni précédée, ni suivie d'un espace. Cette barre figurant dans la partie supérieure d'une touche, elle s'insère en mode Majuscules. Pour activer temporairement celui-ci, appuyez sur la touche **Maj** à l'extrême gauche de l'avant-dernière ligne du pavé central et ne la relâchez pas.

3 En maintenant toujours la touche **Maj** enfoncée, tapez la touche **/** située dans la partie droite de l'avant-dernière ligne du pavé central et relâchez-la.

4 Relâchez la touche **Maj**.

5 Tapez la touche **S** et relâchez-la. Vous voici prêt à saisir des dizaines d'autres abréviations. Si vous cherchez des exemples, parcourez n'importe quelle documentation informatique ou scientifique : vous rencontrerez sans doute de multiples joyeusetés comme des Mbits/s (Mégabits par seconde) ou des GW/h (Giga Watts par heure).

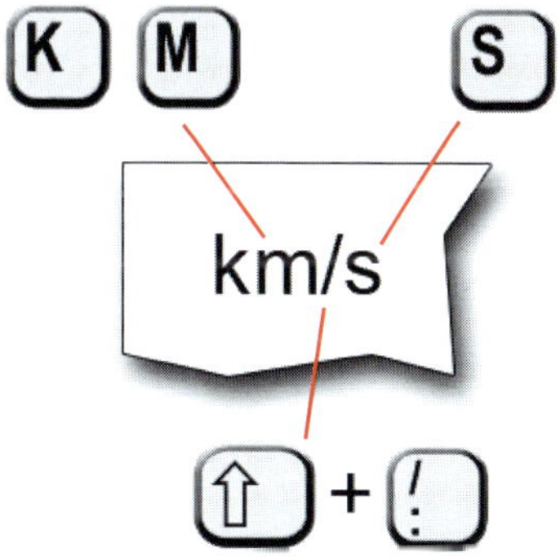

Je saisis un numéro de carte bleue

1573 5944 7864 2813 06 05

Désormais extrêmement sécurisés sur les grands sites Web commerciaux, les paiements en ligne rencontrent un succès croissant. Pas étonnant lorsque l'on sait les économies substantielles que cela permet souvent de réaliser. Gain de temps et gain d'argent : pourquoi résister ? Souvent, le paiement par chèque à réception de la commande coûte un peu cher que de régler directement en ligne en fournissant son numéro de carte bleue. Il est donc important de savoir saisir ce dernier. Imaginons que votre carte porte le numéro *1573 5944 7864 2813* et qu'elle expire en juin 2005 (*06/05*).

OÙ LA TROUVER ? Verr Num

1 Dans la mesure où vous n'allez saisir que des chiffres, concentrez-vous uniquement sur le pavé numérique dans la partie droite du clavier : c'est ici que tout va se jouer. Avant de passer à la saisie proprement dite, vérifiez que le pavé numérique est verrouillé : le témoin **Num Lock** doit être allumé. S'il ne l'est pas, appuyez sur la touche **Verr Num** dans l'angle supérieur gauche du pavé et relâchez-la.

2 Restons dans l'exemple du site Web : la page de validation de la commande propose sans doute des cases réservées à la saisie du numéro et de la date limite de validité de la carte. Cliquez dans la première case réservée au numéro et tapez successivement les touches **1**, **5**, **7** et **3** dans le pavé numérique.

3 Deux cas de figure peuvent alors se présenter :

- Si le site ne prévoit qu'une seule longue case pour tout le numéro, tapez successivement une fois les touches **5** et **9**, deux fois la touche **4**, puis une fois les touches **7**, **8**, **6**, **4**, **2**, **8**, **1** et **3**. Il est inutile d'insérer des espaces.

- Si le site prévoit une case pour chaque groupe de quatre chiffres du numéro, cliquez dans la deuxième case, puis tapez successivement une fois les touches **5** et **9** et deux fois la touche **4**. Cliquez ensuite dans la troisième case et appuyez successivement sur les touches **7**, **8**, **6** et **4**. Cliquez enfin dans la quatrième case et tapez successivement les touches **2**, **8**, **1** et **3**.

4 Cliquez maintenant dans la case réservée au dernier mois de validité de la carte et tapez successivement les touches **0** et **6** (toujours dans le pavé numérique, n'oubliez pas).

5 Cliquez finalement dans la case réservée à la dernière année de validité de la carte et tapez successivement les touches **0** et **5**. Il ne vous reste plus qu'à fournir éventuellement d'autres renseignements demandés, à valider la commande et à attendre le livreur !

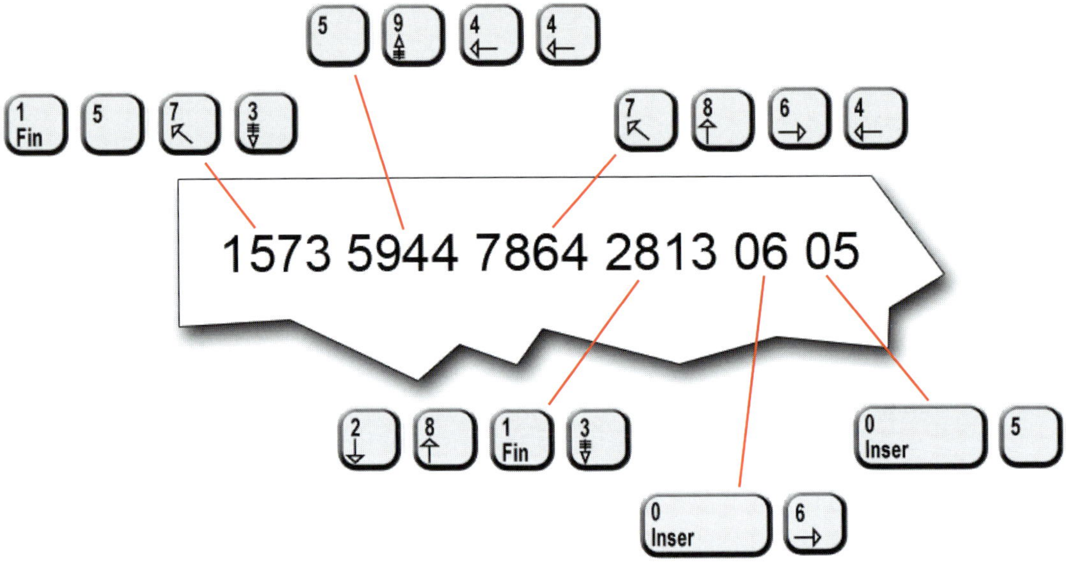

Un déplacement de cases en cases depuis le clavier

Sur certains sites, le point d'insertion se déplace automatiquement dans la case suivante dès que vous avez entré le nombre de chiffres requis dans celle en cours. Il vous suffit alors de taper le groupe de chiffres suivant. Quand tel n'est pas le cas, vous pouvez cliquer dans la case à remplir, comme nous l'avons fait dans notre exemple, ou passer dans la case suivante directement depuis le clavier. Contrairement aux apparences, les touches fléchées ne vous sont alors d'aucune utilité : il vous faut au contraire appuyer sur la touche **Tab**, cette drôle de touche qui débute la deuxième ligne du pavé central et qui affiche deux flèches orientées en sens inverse.

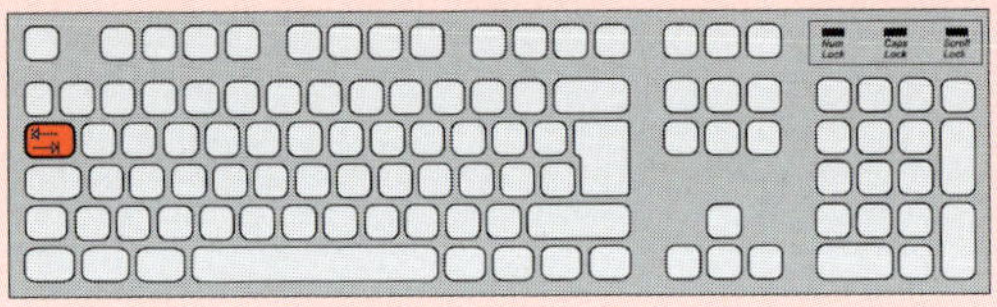

exercice 14

Je saisis le nom d'un logiciel

```
Photoshop 8.0.1
```

Lorsque les éditeurs d'un logiciel améliorent et perfectionnent celui-ci, ils sortent de nouvelles versions qui conservent le nom original du produit, auquel vient s'adjoindre un numéro de version, d'ailleurs parfois remplacé pour le grand public par un groupe de lettres. Par exemple, si vous avez succombé aux charmes de la photo numérique et acquis la dernière mouture du programme Photoshop d'Adobe, vous avez acheté un produit nommé Photoshop CS (pour « Creative Suite »), qui correspond en fait à *Photoshop 8.0.1.* C'est ce texte que vous allez saisir ici.

OÙ LA TROUVER ?

1. Pour saisir le P majuscule, appuyez sur la touche **Maj** à l'extrême gauche de l'avant-dernière ligne du pavé central et ne la relâchez pas.
2. En maintenant toujours la touche **Maj** enfoncée, tapez la touche **P** et relâchez-la.
3. Relâchez la touche **Maj**.
4. Tapez successivement les touches **H**, **O**, **T**, **O**, **S**, **H**, **O** et **P**.

5 Appuyez sur la **barre d'espace** et relâchez-la pour ajouter un espace entre le nom du logiciel et le numéro de version.

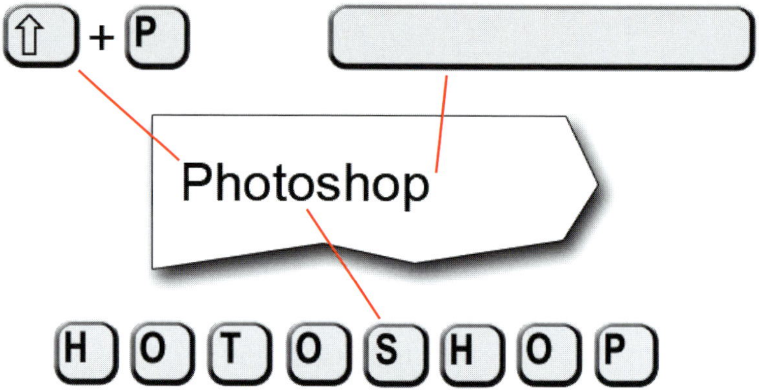

6 Pour éviter à vos doigts d'effectuer des allers-retours répétés entre le pavé central et le pavé numérique, et de maintenir la touche **Maj** enfoncée, nous allons saisir les cinq derniers caractères depuis le pavé central activé en mode Majuscules. Tapez la touche **Verr Maj** dans la partie gauche du pavé central et relâchez-la. Le témoin **Caps Lock** s'allume au-dessus du pavé numérique.

7 Tapez la touche **8** dans la première ligne du pavé central et relâchez-la.

8 Pas besoin d'espace avant ni après le point. Vous pouvez donc insérer celui-ci sur-le-champ en tapant la touche **.** dans l'avant-dernière ligne du pavé central et en la relâchant.

9 Tapez la touche **0** dans la première ligne du pavé central et relâchez-la.

10 Appuyez sur la touche **.** et relâchez-la.

11 Tapez la touche **1** dans la première ligne du pavé central et relâchez-la.

12 La phase de saisie est terminée. Pour éviter les mauvaises surprises par la suite, comme l'apparition d'un % à la place d'un ù lorsque vous appuierez sur la touche **ù**, désactivez dès maintenant le mode Majuscules. Une première technique consiste à taper la touche **Verr Maj** et à la relâcher. Si elle ne fonctionne pas, c'est-à-dire si le témoin **Caps Lock** reste allumé, votre clavier requiert une autre méthode : vous devez appuyer au contraire sur la touche **Maj** et la relâcher.

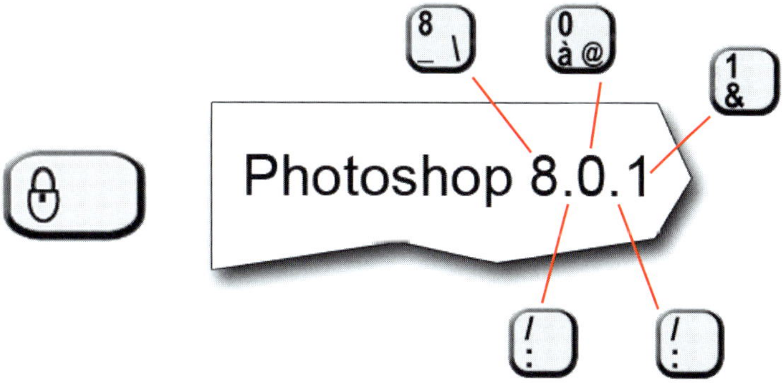

exercice 15

Je saisis une adresse de courrier électronique

`firstinfo@efirst.com`

Toutes les adresses de courrier électronique se composent à l'identique : une première partie désigne le destinataire, et une seconde indique la société ou le service qui fournit une boîte aux lettres à ce destinataire (et à bien d'autres !), comme `yahoo.fr`, `wanadoo.fr`, `hotmail.com` ou `laposte.net`. Ce qui nous intéresse surtout ici est le caractère placé entre ces deux sections de l'adresse : le fameux arobase (@). Ce drôle de A signifie simplement « chez » (« at » en anglais). Le saisir est un jeu d'enfants, croyez-moi ! Voici l'exemple sur lequel nous allons travailler : *firstinfo@efirst.com.*

1 Sans doute avez-vous déjà deviné comme saisir le début de cette adresse. Aucun piège, aucun caractère original : tapez juste successivement les touches **F**, **I**, **R**, **S**, **T**, **I**, **N**, **F** et **O**.

OÙ LA TROUVER ? Alt Gr

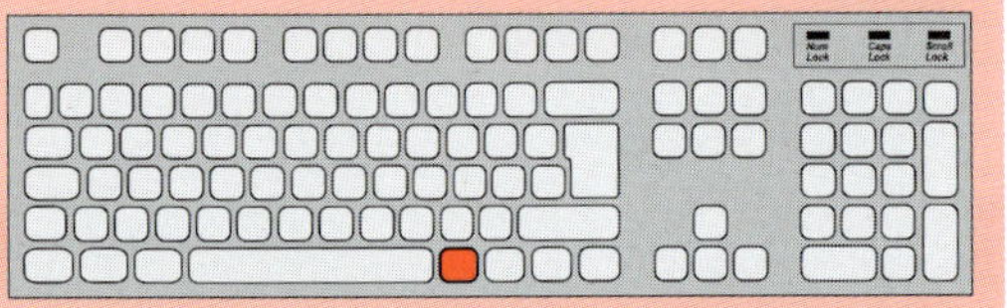

2 C'est ici que les choses se corsent un peu… Le symbole @ tant convoité figure dans l'angle inférieur droit d'une touche. Cela veut donc dire qu'il se saisit à l'aide de la touche **Alt Gr**. Appuyez sur celle-ci à droite de la **barre d'espace** et ne la relâchez pas.

3 En maintenant toujours la touche **Alt Gr** enfoncée, tapez la touche **0** dans la partie droite de la première ligne du pavé central et relâchez-la.

4 Relâchez la touche **Alt Gr**.

5 Rien de très compliqué, finalement, n'est-ce pas ? Profitez de votre élan pour poursuivre la saisie : tapez successivement les touches **E**, **F**, **I**, **R**, **S** et **T**.

6 Pour saisir le point séparateur, appuyez sur la touche **Maj** à l'extrême gauche de l'avant-dernière ligne du pavé central et ne la relâchez pas.

7 En maintenant toujours la touche **Maj** enfoncée, tapez la touche **.** dans l'avant-dernière ligne du pavé central et relâchez-la.

8 Relâchez la touche **Maj**.

9 Tapez successivement les touches **C**, **O** et **M**. Vous pouvez maintenant saisir cette adresse dans un nouveau courrier électronique et écrire aux Éditions First Interactive pour nous donner votre avis sur ce livre !

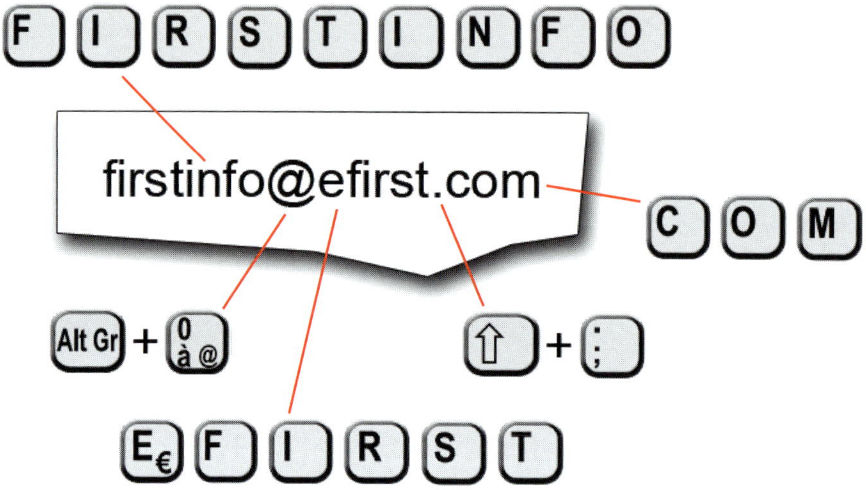

note Comme les adresses de sites Internet, les adresses de courrier électronique ne doivent pas renfermer d'espace.

exercice 16

Je saisis l'adresse d'un site Internet

```
http://www.google.fr
```

Tant que vous n'avez pas enregistré l'adresse de vos sites Web préférés en tant que favoris dans votre navigateur Web, vous devez la saisir en intégralité pour accéder au site correspondant. À moins, bien sûr, de cliquer sur un lien dans une page Web qui vous emmène directement sur le site souhaité. Quand vous ne pouvez pas profiter de ces solutions de facilité, il ne vous reste plus qu'à préparer vos petits doigts à la saisie ! Rassurez-vous, si la procédure se révèle assez longue pour les grandes adresses, elle ne présente jamais de difficultés. Vous allez même vous apercevoir que les deux points (:) et les barres obliques s'obtiennent grâce à la même touche ! Pour vous entraîner, je vous propose l'adresse de l'excellent moteur de recherche Google : *http://www.google.fr.*

OÙ LA TROUVER ?

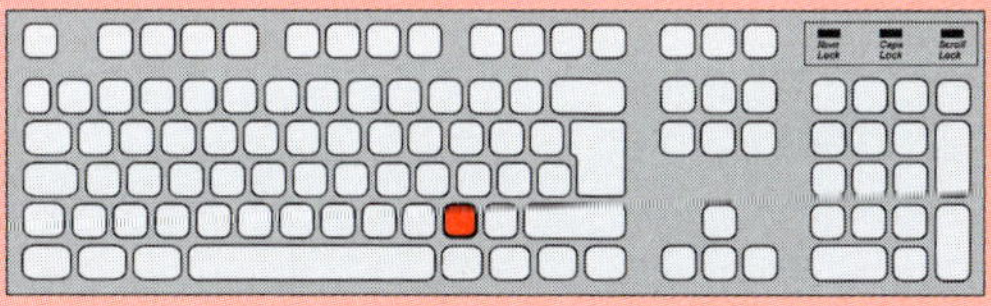

1. Pour saisir le nom du protocole (système qui détermine le mode de communication entre le navigateur Web et le serveur Web) qui débute l'adresse, rien de sorcier : tapez successivement une fois la touche **H**, deux fois la touche **T**, et une fois la touche **P**.

2. Mémorisez bien la touche que nous allons utiliser maintenant, car elle vous servira dans toutes les adresses Internet : la touche :,

située dans la partie droite de l'avant-dernière ligne du pavé central. Pour produire le signe deux-points, tapez simplement cette touche et relâchez-la.

3 Les deux barres obliques qui suivent se saisissent, elles aussi, grâce à la touche :, mais utilisée cette fois en mode Majuscules. Pour activer ce dernier temporairement, appuyez sur la touche **Maj** à l'extrême gauche de l'avant-dernière ligne du pavé central et ne la relâchez pas.

4 En maintenant toujours la touche **Maj** enfoncée, tapez deux fois la touche :.

5 Relâchez la touche **Maj**.

6 Voici venu le moment de saisir les fameux trois W qui indiquent le type de ressource Internet ciblé. Ne vous laissez pas impressionner : ils désignent ni plus ni moins le World Wide Web, plus communément appelé Web (vous savez, cette grande « toile d'araignée » qui s'étend dans le monde entier). Appuyez trois fois sur la touche **W**. Attention, restez maître de votre doigt pour ne pas taper un w de trop !

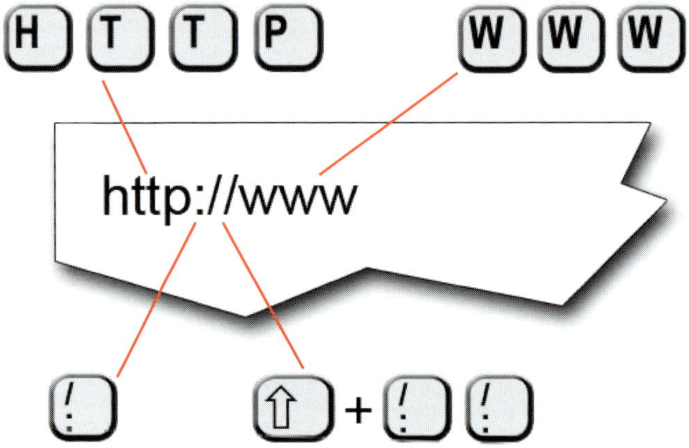

7 Pour saisir le point séparateur, appuyez sur la touche **Maj** et ne la relâchez pas.

OÙ LA TROUVER ?

8 En maintenant toujours la touche **Maj** enfoncée, tapez la touche **.** dans l'avant-dernière ligne du pavé central et relâchez-la.

9 Relâchez la touche **Maj**.

10 Tapez successivement une fois la touche **G**, deux fois la touche **O**, de nouveau une fois la touche **G**, puis une fois les touches **L** et **E**.

11 La partie *google.fr* de l'adresse désigne le serveur Web qui héberge le site où vous voulez vous rendre. Pour saisir le point séparateur, appuyez sur la touche **Maj** et ne la relâchez pas.

12 En maintenant toujours la touche **Maj** enfoncée, tapez la touche **.** et relâchez-la.

13 Relâchez la touche **Maj**.

14 Plus que deux petites lettres, et vous y êtes ! Tapez successivement les touches **F** et **R**. Vous voilà paré pour mener n'importe quelle recherche sur l'Internet grâce à l'un des moteurs les plus puissants et efficaces. Si vous cherchez d'autres idées d'adresses pour perfectionner votre saisie, essayez donc des pages comme `http://www.meteo.fr/meteonet/temps/france/prev/frprev.htm` pour connaître le temps des jours à venir ou `http://www.elysee.fr/elysee/index.php` pour visiter le Palais de l'Élysée sans quitter votre fauteuil.

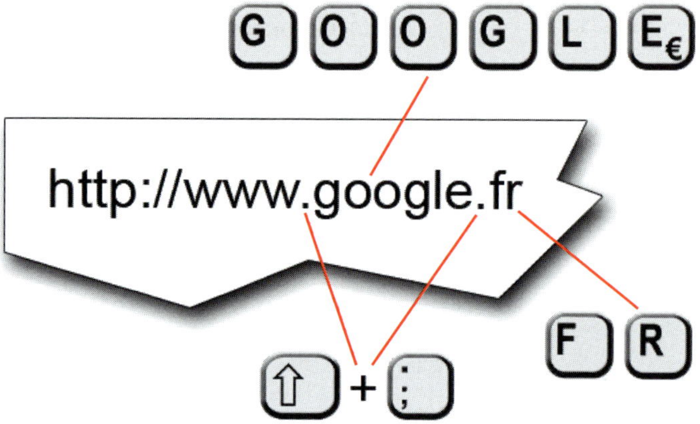
G O O G L E€
http://www.google.fr
F R
⇧ + ;

exercice 17

Je saisis un smiley

:'-(

Peut-être ne connaissez-vous pas le terme « smiley » (synonyme de « émoticon » ou, au Canada, « frimousse »), mais sans doute en avez déjà rencontrés au cours d'échanges de courriers électroniques. Il s'agit en fait de groupes de caractères standard employés par l'auteur d'un message pour transmettre un sentiment personnel ou son état d'esprit, le plus souvent. Les smileys évitent de longues phrases et constituent une excellente alternative à l'insertion de véritables images.

Il en existe d'innombrables, et rien ne vous empêche d'en inventer d'autres. Le site Web `http://www.smiley-online.com` en fournit une liste très longue. Voici sinon quelques exemples de smileys très employés :

:-) Celui qui écrit est content ou rigole.

:-(Celui qui écrit est triste.

;-) Celui qui écrit fait un clin d'œil.

:-[Celui qui écrit est fâché.

:-O Celui qui écrit est étonné.

:-# Celui qui écrit s'est mal exprimé ou souhaite arrêter la conversation.

Si vous ne comprenez pas la logique de ces petits symboles, tournez la tête vers la gauche : avec un peu d'imagination, vous identifierez un visage. Étonnant, non ? Pour cet exercice, j'ai choisi le smiley *:'-(* qui exprime des pleurs. Triste, me direz-vous, mais intéressant en termes de saisie. Vous souvenez-vous par exemple de la manière dont s'obtient l'apostrophe ? Réponse à l'étape 2 !

1 Tapez la touche **:** dans la partie droite de l'avant-dernière ligne du pavé central et relâchez-la.

2 Voici le moment de saisir la fameuse apostrophe. Regardez dans la première du pavé central… Eh oui, tapez la touche **4** et relâchez-la : vous obtiendrez le caractère convoité !

3 Vient ensuite un petit tiret. Souvenez-vous de l'exercice 1 : il s'obtient grâce à la touche **6** dans la première ligne du pavé central, et non pas de la touche **8**. Celle-ci insère en effet un caractère de soulignement. Par conséquent, tapez la touche **6** et relâchez-la.

4 Pour saisir la parenthèse ouvrante qui exprime la tristesse, tapez la touche **5** dans la première ligne du pavé central et relâchez-la.

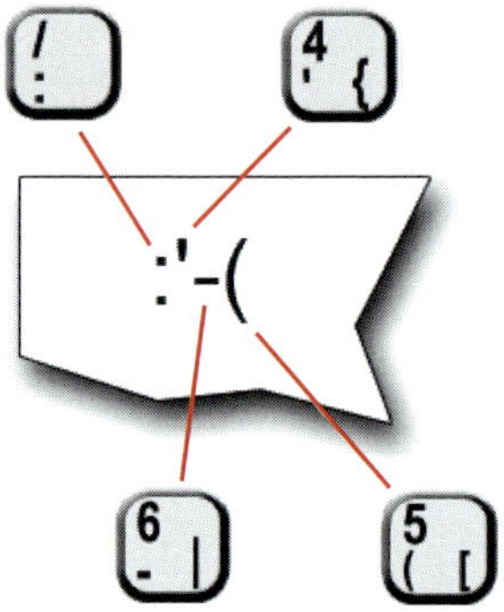

Je saisis un taux de TVA

18,6 %

De tous les taux de TVA actuellement en vigueur en France, sans doute est-ce le *18,6 %* le plus connu. C'est pour cette raison que vous allez apprendre ici à le saisir, et une fois vos doigts libérés de cet exercice, croisez-les longuement pour que ce taux baisse sur de nombreux produits courants, comme les disques.

1 Avant de saisir les chiffres depuis le pavé numérique dans la partie droite du clavier, vérifiez que celui-ci est verrouillé : le témoin **Num Lock** doit être allumé. S'il ne l'est pas, appuyez sur la touche **Verr Num** dans l'angle supérieur gauche du pavé et relâchez-la.

2 Dans le pavé numérique, tapez successivement les touches **1** et **8**.

3 Dans l'avant-dernière ligne du pavé central, tapez la touche **,** et relâchez-la.

4 Un dernier détour par le pavé numérique : tapez la touche **6** et relâchez-la.

5 En français, toutes les unités de mesure doivent être précédées d'un espace. Appuyez par conséquent sur la **barre d'espace** dans le pavé central et relâchez-la.

6 Le symbole % faisant partie des caractères majuscules, vous devez activer temporairement le mode Majuscules pour l'obtenir. Appuyez par conséquent sur la touche **Maj** dans la partie inférieure gauche du clavier et ne la relâchez pas.

7 En maintenant toujours la touche **Maj** enfoncée, tapez la touche **%** dans la partie droite du pavé central et relâchez-la.

8 Relâchez la touche **Maj**.

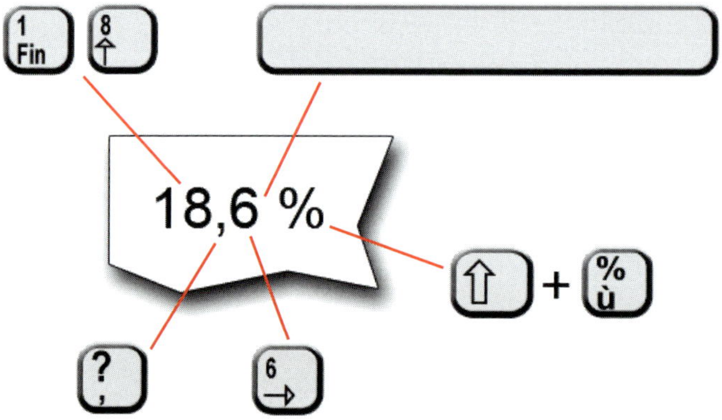

exercice 19

Je saisis une mention de copyright

Copyright © 1933 Brassaï

Accompagner une photo ou un texte, par exemple, d'une mention de copyright permet d'en indiquer l'auteur ou le propriétaire et d'éviter les exploitations abusives dudit cliché ou texte. Amusez-vous à feuilleter des magazines : vous découvrirez cette mention à côté de la plupart des photos. Vous constaterez également que le copyright ne s'exprime pas toujours de la même manière. Par exemple, la date n'est pas nécessairement indiquée. En revanche, le caractère qui nous intéresse ici, le fameux ©, est omniprésent. Voyons donc sans tarder comment le saisir en imaginant que vous deviez protéger une œuvre de Brassaï. Ce photographe qui nous a légué une formidable galerie de clichés du Paris nocturne aurait notamment pu inscrire *Copyright © 1933 Brassaï* à côté de sa prise de vue Place de l'Opéra.

OÙ LA TROUVER ?

1 Pour saisir le C majuscule, appuyez sur la touche **Maj** à l'extrême gauche de l'avant-dernière ligne du pavé central et ne la relâchez pas.

2 En maintenant toujours la touche **Maj** enfoncée, tapez la touche **C** et relâchez-la.

3 Relâchez la touche **Maj**.

4 Tapez successivement les touches **O**, **P**, **Y**, **R**, **I**, **G**, **H** et **T**.

5 L'espace avant et après le symbole © n'est pas obligatoire, mais il vaut souvent mieux l'ajouter pour améliorer la lisibilité. Appuyez par conséquent sur la **barre d'espace** et relâchez-la.

6 Vous voici arrivé au caractère critique. Vous avez beau scruter votre clavier, ce © n'apparaît nulle part, n'est-ce pas ? Comment le saisir, alors ? En fait, vous devez utiliser la méthode de saisie employée pour les caractères spéciaux (tels que ¥ ou ß) et fondée sur les codes ASCII. Cette technique a été vue en détail au chapitre 4. La mettre en œuvre n'est donc qu'une manière adroite de vous rappeler de bons souvenirs ! Le code ASCII du symbole © est 169. Souvenez-vous : vous devez le faire précéder d'un zéro et taper tous ces chiffres en maintenant la touche **Alt** enfoncée. Avant de passer à la saisie de ce nombre, vérifiez que le pavé numérique dans la partie droite du clavier est verrouillé : le témoin **Num Lock** doit être allumé. S'il ne l'est pas, appuyez sur la touche **Verr Num** dans l'angle supérieur gauche du pavé et relâchez-la.

7 Appuyez sur la touche **Alt** à gauche de la **barre d'espace** dans le pavé central et ne la relâchez pas.

8 En maintenant toujours la touche **Alt** enfoncée, tapez successivement les touches **0**, **1**, **6** et **9** dans le pavé numérique.

9 Relâchez la touche **Alt** : le caractère © apparaît. Rien de magique, ici, et pourtant, on serait presque tenté de le croire !

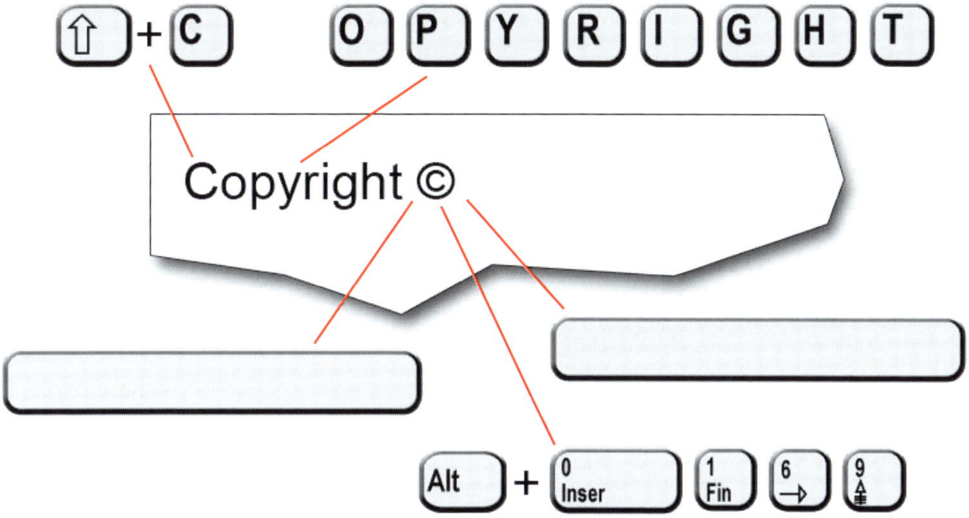

Word insère le caractère © à votre place !

Quand vous avez oublié le code ASCII du caractère ©, vous pouvez vous contenter de taper successivement les touches **(**, **C** et **)**. La combinaison *(c)* sert en effet souvent à exprimer un copyright. Si vous travaillez dans Microsoft Word, néanmoins, vous bénéficiez d'une aide précieuse. Essayez en effet de taper ces trois touches dans n'importe quel document : le logiciel les transforme automatiquement et instantanément en ©. Belle aubaine, n'est-ce pas ? Mais attention, ne vous y habituez pas trop, afin de ne pas oublier la technique passe-partout du code ASCII. Vous ne pourriez sinon pas insérer de © au bas d'une image créée dans Adobe Photoshop, par exemple.

10 Appuyez sur la **barre d'espace** et relâchez-la.

11 Dans le pavé numérique, tapez successivement une fois les touches **1** et **9**, puis deux fois la touche **3**.

12 Appuyez sur la **barre d'espace** et relâchez-la.

13 Pour saisir le B majuscule, appuyez sur la touche **Maj** et ne la relâchez pas.

14 En maintenant toujours la touche **Maj** enfoncée, tapez la touche **B** et relâchez-la.

15 Relâchez la touche **Maj**.

16 Tapez successivement une fois les touches **R** et **A**, deux fois la touche **S** et de nouveau une fois la touche **A**.

17 Et pour terminer, une petite surprise… : un I surmonté d'un tréma. Certes, j'aurais pu choisir un nom de photographe plus simple, mais la tâche aurait été trop facile ! Disons que je la complique très légèrement pour mettre un peu de sel dans vos activités dactylographiques… Le tréma se trouvant dans la partie supérieure d'une touche marquée de deux caractères, il s'obtient en mode Majuscules. Rien de neuf, ici, je vous l'accorde. En fait, le point essentiel à retenir est que vous devez taper ce caractère *avant* de saisir la lettre sur laquelle il viendra se placer. Appuyez par conséquent sur la touche **Maj** et ne la relâchez pas.

18 En maintenant toujours la touche **Maj** enfoncée, tapez la touche ¨ dans la partie droite de la deuxième ligne du pavé central et relâchez-la.

19 Relâchez la touche **Maj**. Aucun caractère n'apparaît à l'écran, mais ne vous inquiétez surtout pas : tout est normal. Vos doigts n'ont pas fourché : Windows attend simplement que vous tapiez la lettre à surmonter du tréma pour afficher celui-ci à l'endroit requis.

20 Tapez la touche **I** et relâchez-la : le ï tant attendu apparaît enfin. Vous voici donc maître d'un nouveau type de caractère certes assez peu répandu, mais présent dans des mots courants que vous serez sans doute amené à saisir. L'ouïe fine et la douleur aiguë n'en sont que quelques exemples.

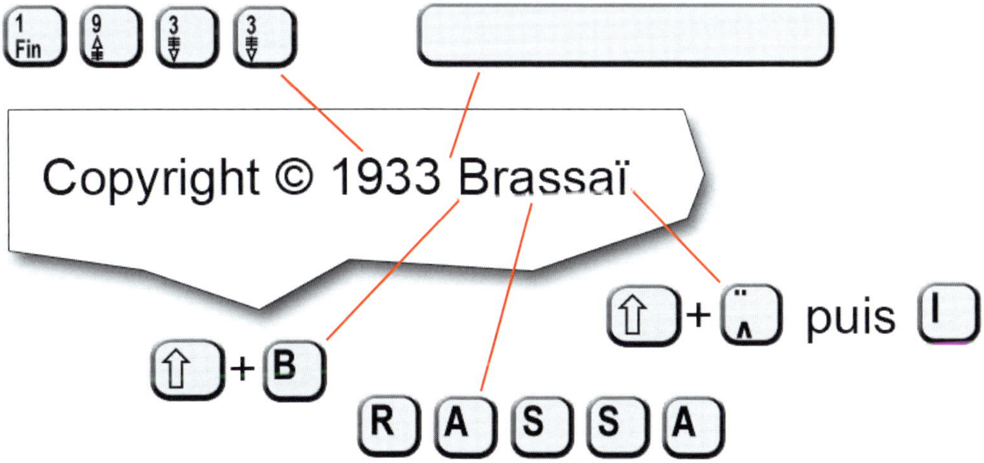

Je saisis l'adresse d'un fichier sur mon ordinateur

```
C:\Windows\Bulles de savon.bmp
```

Même si vous fuyez les manipulations informatiques, ne croyez pas que cet exercice ne vous concerne pas. Il vous permet avant tout de vous familiariser une nouvelle fois avec la touche **Alt Gr**, votre sésame pour taper la barre oblique inversée, mais aussi des caractères comme les accolades ou des crochets. Et au-delà du simple entraînement, je dois bien vous avouer que vous serez parfois obligé de saisir l'adresse d'un fichier ou d'un dossier, notamment si vous contactez un service d'assistance technique en ligne. Ne faites pas la moue : dans quelques minutes, vous trouverez cette tâche aussi facile qu'une autre. Pour vous exercer, vous allez saisir l'adresse d'un fond d'écran de Windows : *C:\Windows\Bulles de savon.bmp.*

OÙ LA TROUVER ?

1. Pour saisir le C majuscule qui désigne le disque dur, appuyez sur la touche **Maj** à l'extrême gauche de l'avant-dernière ligne du pavé central et ne la relâchez pas.
2. En maintenant toujours la touche **Maj** enfoncée, tapez la touche **C** et relâchez-la.
3. Relâchez la touche **Maj**.

4 La règle typographique qui demande l'insertion d'un espace avant et après le signe deux-points ne s'applique pas dans le cas d'une adresse de dossier ou de fichier. Par conséquent, tapez dès maintenant la touche **:** dans la partie droite de l'avant-dernière ligne du pavé central et relâchez-la. Vous insérez ainsi le caractère `:` qui doit toujours suivre le nom du lecteur dans une adresse informatique.

5 Le fichier `Bulles de savon.bmp` dont vous saisissez l'adresse se trouve dans le dossier `Windows`, stocké lui-même sur le disque dur (`C:`). Pour retranscrire cette répartition hiérarchique ou, plus précisément, cette arborescence, vous devez insérer une barre oblique inversée à chaque fois que vous indiquez un changement de niveau. Le dossier `Windows` se situant sur `C:`, il faut ajouter une barre oblique inversée entre les deux. Avez-vous deviné comment procéder ? Un petit indice pour vous aider : la barre \ se trouve dans l'angle inférieur droit de la touche **8**. Conclusion, Dr Watson ? La barre oblique inversée s'insère grâce à la touche **Alt Gr** ! Appuyez sur celle-ci (elle figure à droite de la **barre d'espace**) et ne la relâchez pas.

6 En maintenant toujours la touche **Alt Gr** enfoncée, tapez la touche **8** dans la première ligne du pavé central et relâchez-la.

7 Relâchez la touche **Alt Gr**.

8 Les barres obliques inversées n'étant ni précédées ni suivies d'un espace dans une adresse informatique, vous pouvez saisir le W majuscule dès à présent. Appuyez sur la touche **Maj** et ne la relâchez pas.

9 En maintenant toujours la touche **Maj** enfoncée, tapez la touche **W** et relâchez-la.

10 Relâchez la touche **Maj**.

11 Tapez successivement les touches **I**, **N**, **D**, **O**, **W** et **S**.

12 Le fichier `Bulles de savon.bmp` se trouvant dans le dossier `Windows` dont vous venez de saisir le nom, vous devez maintenant insérer une nouvelle barre oblique inversée. Je suis sûre que vous vous souvenez de la marche à suivre. Personne n'étant toutefois à l'abri d'un petit trou de mémoire, revoyons la technique ensemble. Appuyez sur la touche **Alt Gr** et ne la relâchez pas.

13 En maintenant toujours la touche **Alt Gr** enfoncée, tapez la touche **8** dans la première ligne du pavé central et relâchez-la.

14 Relâchez la touche **Alt Gr**.

15 Il ne vous reste plus qu'à saisir le nom du fichier. Rassurez-vous : aucun caractère étrange ne vous y attend ! Appuyez sur la touche **Maj** et ne la relâchez pas.

16 En maintenant toujours la touche **Maj** enfoncée, tapez la touche **B** et relâchez-la.

17 Relâchez la touche **Maj**.

18 Tapez successivement une fois la touche **U**, deux fois la touche **L**, et une fois les touches **E** et **S**.

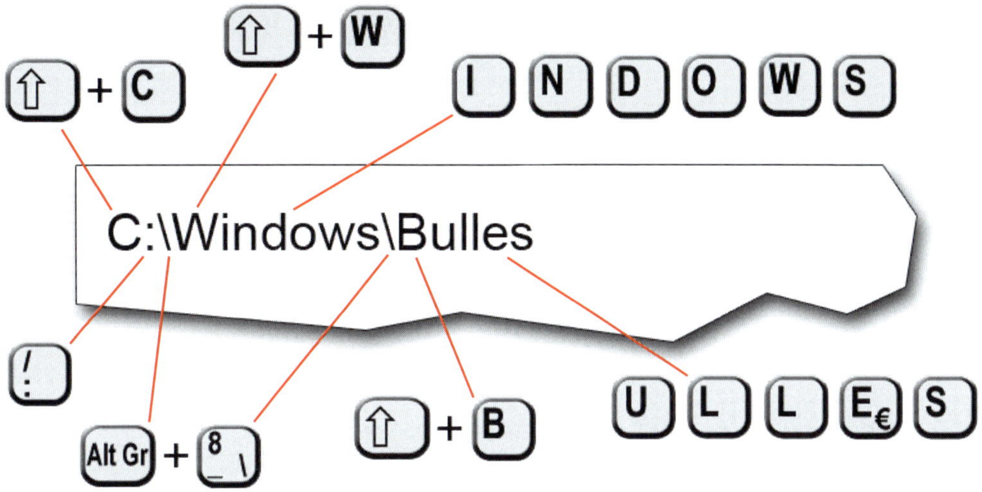

19 Appuyez sur la **barre d'espace** et relâchez-la.

20 Tapez successivement les touches **D** et **E**.

21 Appuyez de nouveau sur la **barre d'espace** et relâchez-la.

22 Tapez successivement les touches **S**, **A**, **V**, **O** et **N**.

23 Le nom du fichier est suivi d'un point et de trois lettres. Celles-ci constituent l'extension du fichier et indiquent la nature de ce dernier. Ici, bmp correspond à bitmap, type particulier d'image. Pour saisir le point, vous devez basculer temporairement en mode Majuscules : appuyez sur la touche **Maj** et ne la relâchez pas.

24 En maintenant toujours la touche **Maj** enfoncée, tapez la touche **.** dans la partie droite de l'avant-dernière ligne du pavé central et relâchez-la.

25 Relâchez la touche **Maj**.

26 Le point qui précède l'extension d'un fichier ne devant jamais être suivi d'un espace, tapez successivement les touches **B**, **M** et **P**, et vous êtes quitte !

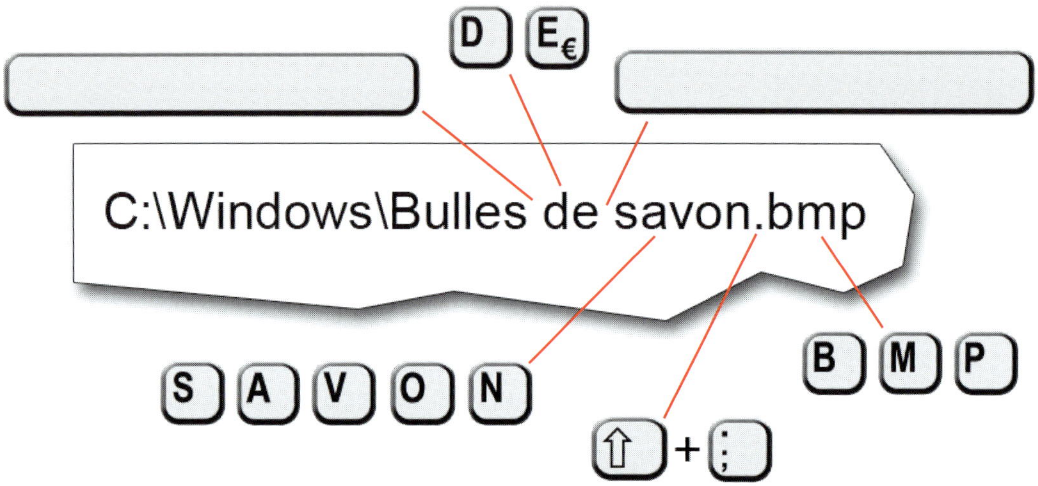

exercice 21

Je saisis une exclamation

```
À l'eau !
```

Quelques secondes de réflexion, et vous aurez compris le caractère que j'aimerais vous apprendre à saisir ici. Le fameux point d'exclamation qui peut tout aussi bien ponctuer une interjection qu'un ordre ou une explosion de joie. Histoire de corser un peu l'exercice, nous reviendrons également sur la saisie des majuscules accentuées. Le moment est venu de vous jeter *À l'eau !*

OÙ LA TROUVER ? **Alt Gr**

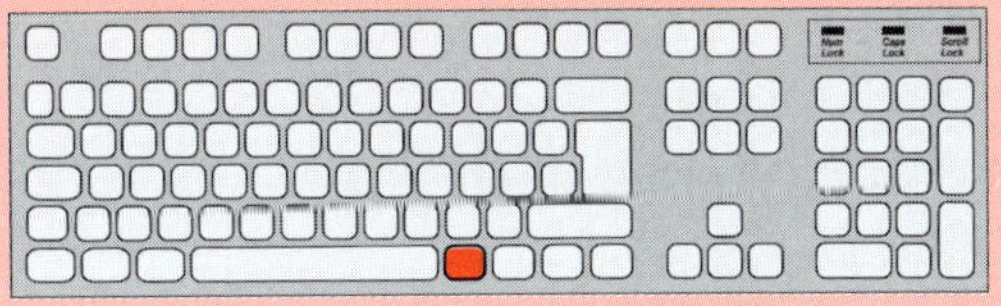

1 Si vous avez remarqué la touche **à** dans la première ligne du pavé central, peut-être croyez-vous qu'il suffit d'appuyer dessus en maintenant simultanément la touche **Maj** enfoncée pour obtenir un À. Malheureusement pour vous, il n'en est rien. Si vous tapez cette combinaison de touches, en effet, vous obtenez le caractère situé dans l'angle supérieur gauche de la touche, c'est-à-dire un 0. Pour saisir la lettre souhaitée, vous devez en fait ajouter d'abord son accent grave. Celui-ci se trouvant dans l'angle inférieur droit de la touche **7**, il s'obtient grâce à la touche **Alt Gr**. Appuyez par conséquent sur cette dernière et ne la relâchez pas.

2 En maintenant toujours la touche **Alt Gr** enfoncée, tapez la touche **7** dans la première ligne du pavé central et relâchez-la.

3 Relâchez la touche **Alt Gr**. Il ne se produit rien a priori, mais ne vous y trompez pas : en réalité, Windows a mémorisé votre action et attend l'appui sur la touche de la lettre à accentuer pour insérer l'accent convoité.

4 Pour saisir le A majuscule, appuyez sur la touche **Maj** à l'extrême gauche de l'avant-dernière ligne du pavé central et ne la relâchez pas.

5 En maintenant toujours la touche **Maj** enfoncée, tapez la touche **A** et relâchez-la.

6 Relâchez la touche **Maj**. Miracle : un À apparaît !

note

Si vous aimez faire travailler votre mémoire, vous pouvez aussi insérer le À grâce à son code ASCII (192) et éviter ainsi les étapes 1 à 6. Commencez par vérifier que le pavé numérique est verrouillé : le témoin **Num Lock** doit être allumé. S'il ne l'est pas, appuyez sur la touche **Verr Num** dans l'angle supérieur gauche du pavé et relâchez-la. Appuyez sur la touche **Alt** à gauche de la **barre d'espace** et, en la maintenant toujours enfoncée, tapez successivement les touches **0**, **1**, **9** et **2** dans le pavé numérique. Relâchez finalement la touche **Alt**.

7 Pour ajouter l'espace requis, appuyez sur la **barre d'espace** et relâchez-la.

8 Tapez la touche **L** et relâchez-la.

9 Vous souvenez-vous de la manière dont s'obtient l'apostrophe ? Observez la première ligne du pavé central… Tapez la touche **4** et relâchez-la : l'apostrophe apparaît.

10 De même qu'il ne faut pas d'espace avant une apostrophe, de même, ce serait une erreur d'en ajouter un après. Par conséquent, éloignez-vous de la **barre d'espace** et appuyez successivement sur les touches **E**, **A** et **U**.

11 Comme tous les signes de ponctuation doubles, le point d'exclamation doit à la fois être précédé et suivi d'un espace. Appuyez par conséquent sur la **barre d'espace** et relâchez-la.

12 Tapez finalement la touche **!** dans la partie droite de l'avant-dernière ligne du pavé central… et méfiez-vous des éclaboussures !

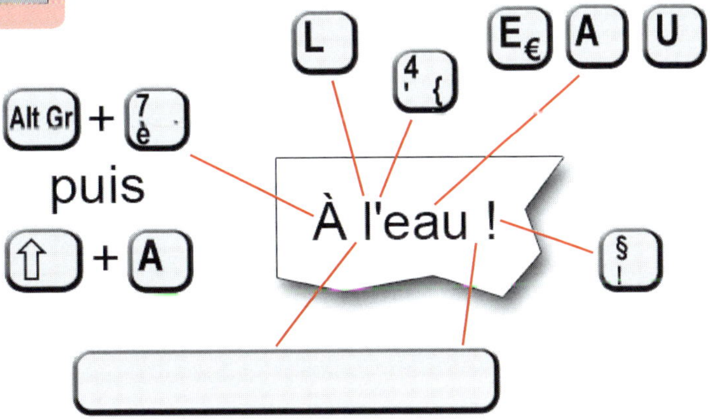

exercice 22

Je saisis une question

Où êtes-vous ?

Ne croyez pas que je veuille être indiscrète en vous posant la question *Où êtes-vous ?* Je vous invite simplement à la saisir pour rencontrer quelques caractères intéressants, comme le ù et le point d'interrogation.

1 Pour saisir le O majuscule, appuyez sur la touche **Maj** à l'extrême gauche de l'avant-dernière ligne du pavé central et ne la relâchez pas.

2 En maintenant toujours la touche **Maj** enfoncée, tapez la touche **O** et relâchez-la.

3 Relâchez la touche **Maj**.

4 Voici le moment de saisir le ù. En fait, la seule difficulté (et vous verrez qu'elle est largement surmontable !) est de localiser la touche **ù**, qui se cache dans la partie droite du pavé central. L'avez-vous repérée ? Appuyez alors dessus et relâchez-la.

5 Pour ajouter l'espace requis, appuyez sur la **barre d'espace** et relâchez-la.

OÙ LA TROUVER ?

6 Si les concepteurs de claviers ont réservé une touche au ù, ils n'ont en revanche prévu aucune place pour le ê. Pauvre de vous ! Comme pour tout caractère surmonté d'un accent circonflexe, vous allez devoir saisir d'abord celui-ci, puis la lettre souhaitée. Tapez la touche **^** dans la partie droite de la deuxième ligne du pavé central et relâchez-la. Rien n'apparaît pour l'instant, mais ne vous inquiétez pas : tout est normal. Votre vue n'a pas baissé brusquement !

7 Appuyez sur la touche **E** et relâchez-la : un ê apparaît.

8 Tapez successivement les touches **T**, **E** et **S**.

OÙ LA TROUVER ?

9 Et revoici votre vieil ami le tiret ! Fini le temps où vous le confondiez parfois avec le caractère de soulignement inséré par la touche **8**. Maintenant, vous savez le saisir sans la moindre hésitation : tapez la touche **6** dans la première ligne du pavé central et relâchez-la.

10 Tapez successivement les touches **V**, **O**, **U** et **S**.

11 Contrairement au tiret de l'étape 9 qui s'accole immédiatement aux mots qui le précèdent et le suivent, le point d'interrogation doit être précédé et suivi d'un espace, exactement comme ses acolytes le point d'exclamation, le point-virgule et le signe deux-points. Par conséquent, appuyez sur la **barre d'espace** et relâchez-la.

12 Le point d'interrogation figurant dans l'angle supérieur d'une touche, il s'insère en mode Majuscules. Pour activer temporairement ce dernier, appuyez sur la touche **Maj** et ne la relâchez pas.

13 En maintenant toujours la touche **Maj** enfoncée, tapez la touche **?** dans l'avant-dernière ligne du pavé central et relâchez-la.

14 Relâchez la touche **Maj**. Il ne vous reste plus qu'à répondre à la question si quelqu'un vous la pose !

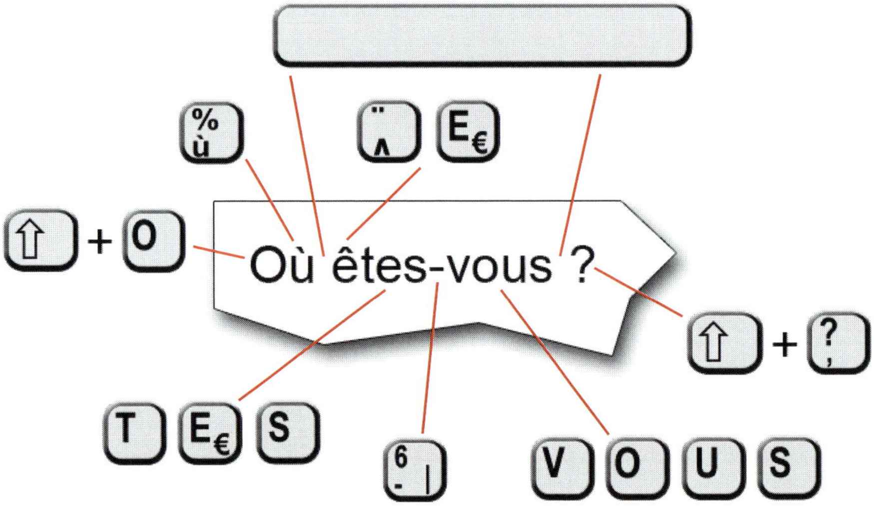

exercice 23

Je saisis le titre d'un livre

« Le Lion »

Lorsque vous citez le titre d'un livre ou d'un film dans un document, vous devez normalement l'inscrire en italique (caractères légèrement penchés) ou le placer entre guillemets. Même si ces deux techniques sont souvent couplées, ce type d'écriture est incorrect. Ne l'oubliez pas ! Ici, nous avons choisi d'utiliser la deuxième méthode : les guillemets. Il en existe de deux types : les guillemets anglais et les guillemets français.

- Les guillemets anglais se présentent sous la forme de deux petits traits verticaux. La version ouvrante est absolument identique à la version fermante, et il n'y a aucun espace entre le texte entre guillemets et les guillemets eux-mêmes, comme ici : "guillemets anglais".
- Les guillemets français apparaissent sous la forme d'une paire de chevrons. La version ouvrante s'oppose à la version fermante, dont elle constitue une sorte de reflet. Le texte entre guillemets est précédé et suivi d'un espace, comme ici : « guillemets français ».

Pourtant, vous aurez beau scruter une à une toutes les touches du clavier, il n'en existe qu'une seule avec des guillemets : la touche **3** dans la première ligne du pavé central. Contre toute attente, elle vous suffira bien pour insérer à la fois des guillemets ouvrants et fermants, français ou anglais. Voyons ceci concrètement grâce au livre *« Le Lion »*.

1 Pour saisir les guillemets ouvrants, tapez la touche **3** dans la première ligne du pavé central et relâchez-la. Le résultat obtenu dépend du logiciel dans lequel vous travaillez. S'il s'agit de Microsoft Word, des guillemets français ouvrants suivis d'un espace apparaissent. Dans la plupart des autres programmes, des guillemets anglais droits s'affichent.

note Pour savoir s'il doit insérer des guillemets ouvrants ou fermants, Word examine ce qui précède les guillemets à insérer : en l'absence de caractère ou s'il s'agit d'un espace, le logiciel en conclut qu'il faut des guillemets ouvrants. Si Word détecte un caractère, en revanche, il ajoute des guillemets fermants. Aucune action surnaturelle ici, donc : tout n'est que déduction logique !

Forcer Word à utiliser des guillemets français

Si Word s'obstine à insérer des guillemets anglais, n'y voyez pas un comportement malveillant de sa part : il se contente de suivre les instructions dont il dispose. Il se peut en effet qu'il n'ait pas été correctement configuré à son installation. Cliquez alors sur **Outils → Options de correction automatique** et, dans les onglets **Lors de la frappe** et **Mise en forme automatique**, cochez l'option **Guillemets " par des guillemets** « », afin d'utiliser des guillemets français. Validez ensuite votre choix en cliquant sur **OK**. Pour information, rétablir ce réglage vous permet aussi d'obtenir des apostrophes arrondies (de rigueur en Français), et non pas droites (comme c'est le cas dans les langues anglo-saxonnes).

OÙ LA TROUVER ?

2 Quels que soient les guillemets obtenus à l'étape 1, vous n'avez normalement pas besoin d'appuyer sur la **barre d'espace**. Si vous avez saisi des guillemets français dans Word, en effet, celui-ci a ajouté l'espace requis. Si vous avez au contraire obtenu des guillemets anglais, ces derniers ne doivent pas être suivis d'un espace. Par conséquent, appuyez sur la touche **Maj** à l'extrême gauche de l'avant-dernière ligne du pavé central pour activer temporairement le mode Majuscules et ne la relâchez pas.

3 En maintenant toujours la touche **Maj** enfoncée, tapez la touche **L** et relâchez-la.

4 Relâchez la touche **Maj**.

5 Tapez la touche **E** et relâchez-la.

6 Pour insérer l'espace entre les deux mots du titre, appuyez sur la **barre d'espace** et relâchez-la.

7 Pour saisir le deuxième L majuscule, appuyez sur la touche **Maj** et ne la relâchez pas.

8 En maintenant toujours la touche **Maj** enfoncée, tapez la touche **L** et relâchez-la.

9 Relâchez la touche **Maj**.

10 Tapez successivement les touches **I**, **O** et **N**.

11 Selon le même principe qu'à l'étape 2, vous n'avez normalement pas besoin d'ajouter d'espace avant les guillemets fermants. Si vous avez saisi des guillemets français dans Word à l'étape 1, en effet, celui-ci insérera l'espace requis. Si vous avez au contraire obtenu des guille-

mets anglais, ces derniers ne doivent pas être précédés d'un espace. Tapez par conséquent la touche **3** dans la première ligne du pavé central et relâchez-la. Il ne vous reste plus qu'à fournir le nom de l'auteur de ce livre… Je vous le concède, cela ne fait plus partie de l'exercice. Je serai donc bon prince : il s'agit de l'excellent Joseph Kessel.

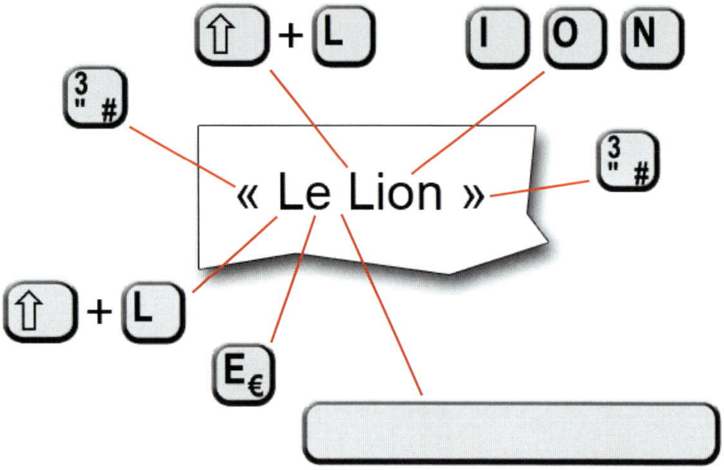

Des guillemets français en toutes circonstances

Quand la touche **3** ne vous permet pas d'obtenir des guillemets français, vous pouvez insérer ceux-ci grâce à leur code ASCII (encore eux !). Le code de la version ouvrante est 171, et celui de la version fermante, 187. Souvenez-vous : ces codes se saisissent précédés d'un 0 et avec la touche **Alt** simultanément enfoncée.

Avant toute chose, vérifiez que le pavé numérique est verrouillé : le témoin **Num Lock** doit être allumé. S'il ne l'est pas, appuyez sur la touche **Verr Num** dans l'angle supérieur gauche du pavé et relâchez-la. Appuyez ensuite sur la touche **Alt** à gauche de la **barre d'espace** et, en la maintenant toujours enfoncée, tapez successivement les touches **0**, **1**, **7** et **1** dans le pavé numérique pour insérer des guillemets ouvrants ou **0**, **1**, **8** et **7** si vous avez besoin de guillemets fermants. Relâchez finalement la touche **Alt**. Lorsque vous procédez ainsi, n'oubliez pas d'ajouter à la fois un espace après les guillemets ouvrants et avant les guillemets fermants en appuyant sur la **barre d'espace** et en la relâchant.

exercice 24

Je saisis un terme étranger et sa traduction

```
niño : petit garçon
```

Ne vous méprenez pas sur mes intentions : je ne prétends pas du tout vous apprendre une langue étrangère en quelques lignes. Simplement, j'aimerais vous préparer à la saisie d'un caractère peu employé dans notre langue : le tilde (~). En français, celui-ci sert principalement à rappeler une entrée dans un index. En Espagnol, en revanche, il s'agit d'un accent très usité. Pour vous entraîner, je vous propose un exemple très simple : *niño : petit garçon*. Sans doute ce terme ne vous est-il d'ailleurs pas si étranger que cela, puisqu'il a été donné à un phénomène climatique très impressionnant qui se produit régulièrement en Amérique du Sud.

1 Tapez successivement les touches **N** et **I**.

2 Pour obtenir le *ñ*, vous devez d'abord saisir le tilde, puis le n. Votre programme se chargera ensuite de placer correctement le premier au-dessus du second. Peut-être l'avez-vous remarqué : le tilde occupe l'angle inférieur droit de la touche **2** dans la première ligne du pavé central. Je vous laisse quelques instants pour rassembler vos souvenirs et me dire comment vous devez alors procéder pour le saisir… Je sens que vous brûlez… Eh oui, grâce à la touche **Alt Gr** qui se trouve à droite de la

barre d'espace. Bravo ! Appuyez par conséquent sur cette touche **Alt Gr** et ne la relâchez pas.

3 En maintenant toujours la touche **Maj** enfoncée, tapez la touche **2** dans la première ligne du pavé central et relâchez-la.

4 Relâchez la touche **Alt Gr**. Souvenez-vous : il ne se passe rien tant que vous n'avez pas saisi le n.

5 Tapez la touche **N** et relâchez-la. Un ñ apparaît.

6 Tapez la touche **O** et relâchez-la.

7 Comme tous les signes de ponctuation doubles, le signe deux-points doit à la fois être précédé et suivi d'un espace. Appuyez par conséquent sur la **barre d'espace** et relâchez-la.

8 Tapez la touche **:** dans la partie droite de l'avant-dernière ligne du pavé central et relâchez-la.

9 Appuyez sur la **barre d'espace** et relâchez-la.

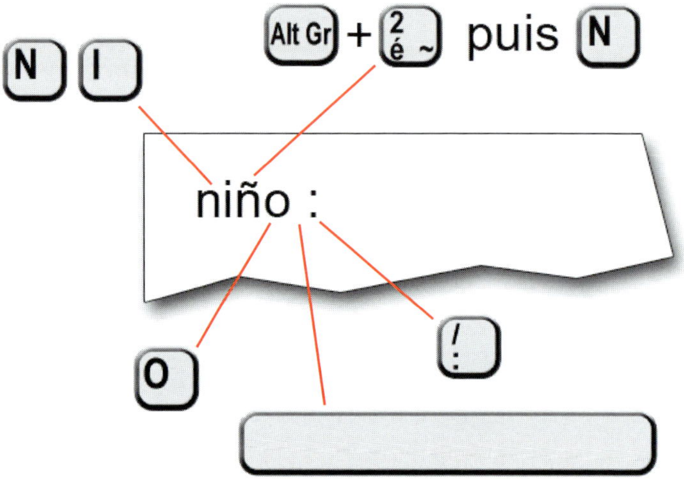

10 Tapez successivement les touches **P**, **E**, **T**, **I** et **T**.

11 Appuyez sur la **barre d'espace** pour insérer un espace entre l'adjectif et le nom commun, et relâchez-la.

12 Tapez successivement les touches **G**, **A** et **R**.

13 Tiens tiens, voici maintenant une lettre un peu particulière : un ç. Là encore, les concepteurs de claviers vous ont facilité la tâche, puisqu'ils ont prévu une touche pour l'insertion de ce caractère. Tapez simplement la touche **9** dans la première ligne du pavé central et relâchez-la.

14 Tapez successivement les touches **O** et **N**, et vous aurez terminé ! Vous pouvez ensuite réaliser un autre exercice d'entraînement très proche en tapant *niña : petite fille*. N'hésitez pas alors à vous chronométrer pour mesurer votre vitesse de progression !

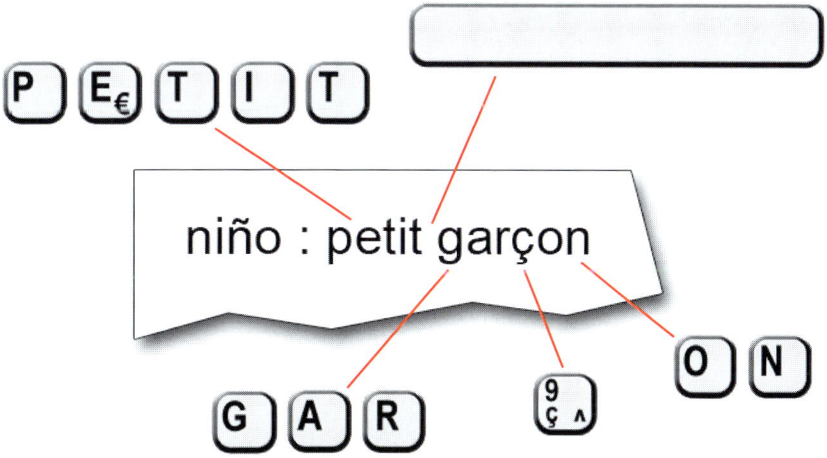

exercice 25

Je saisis le nom d'un médicament

VICTAN ®

Beaucoup de noms de médicaments s'inscrivent entièrement en majuscules et sont suivis du symbole de marque déposée ®. C'est notamment le cas de *VICTAN* ® que je vous invite à saisir ici. En espérant que cet exercice ne vous angoissera pas au point de devoir consommer de cet anxiolytique !

OÙ LA TROUVER ?

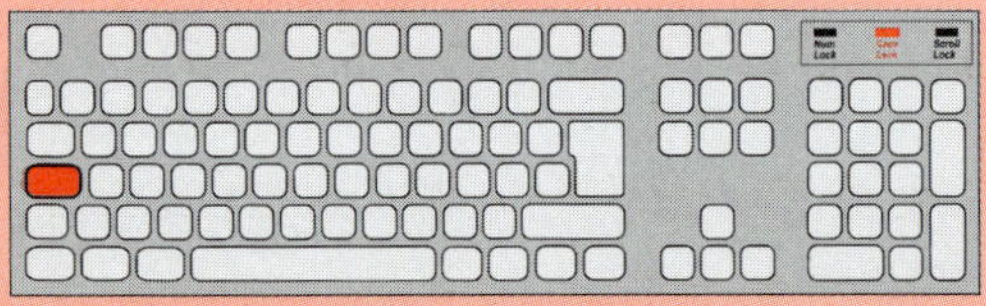

1 Plutôt que de vous obliger à maintenir la touche **Maj** enfoncée pour saisir toutes les majuscules, nous allons basculer le clavier en mode Majuscules. Tapez la touche **Verr Maj** dans la partie gauche du pavé central et relâchez-la. Le témoin **Caps Lock** s'allume au-dessus du pavé numérique.

2 Le mode Majuscules étant activé, tapez juste successivement les touches **V**, **I**, **C**, **T**, **A** et **N** pour saisir le terme *VICTAN* en lettres capitales.

3 Le symbole de marque déposée ne s'insérant pas en mode Majuscules, désactivez celui-ci en tapant de nouveau la touche **Verr Maj** et en la relâchant. Normalement, le témoin **Caps Lock** s'éteint au-dessus du pavé numérique. Si tel n'est pas le cas,

votre clavier requiert une autre technique pour désactiver le mode Majuscules : appuyez sur la touche **Maj** et relâchez-la.

4 Pour ajouter l'espace séparateur entre le nom du médicament et le symbole de marque, appuyez sur la **barre d'espace** et relâchez-la.

5 Le moment est venu de saisir le fameux symbole. Peut-être avez-vous déjà pris quelques secondes pour chercher la touche où il se trouve. Si tel est le cas, vous aurez malheureusement fait chou blanc : aucune touche ne permet d'insérer un ® d'un simple appui. Vous devez au contraire utiliser le code ASCII de ce caractère, c'est-à-dire 174. Souvenez-vous de ce que nous avons vu au chapitre 4 : vous devez taper ce nombre précédé d'un 0 tout en maintenant la touche **Alt** enfoncée. Auparavant, néanmoins, assurez-vous que le pavé numérique dans la partie droite du clavier est verrouillé : le témoin **Num Lock** doit être allumé. S'il ne l'est pas, appuyez sur la touche **Verr Num** dans l'angle supérieur gauche du pavé et relâchez-la.

6 Appuyez sur la touche **Alt** à gauche de la **barre d'espace** dans le pavé central et ne la relâchez pas.

7 En maintenant toujours la touche **Alt** enfoncée, tapez successivement les touches **0**, **1**, **7** et **4** dans le pavé numérique.

8 Relâchez la touche **Alt** et admirez votre travail !

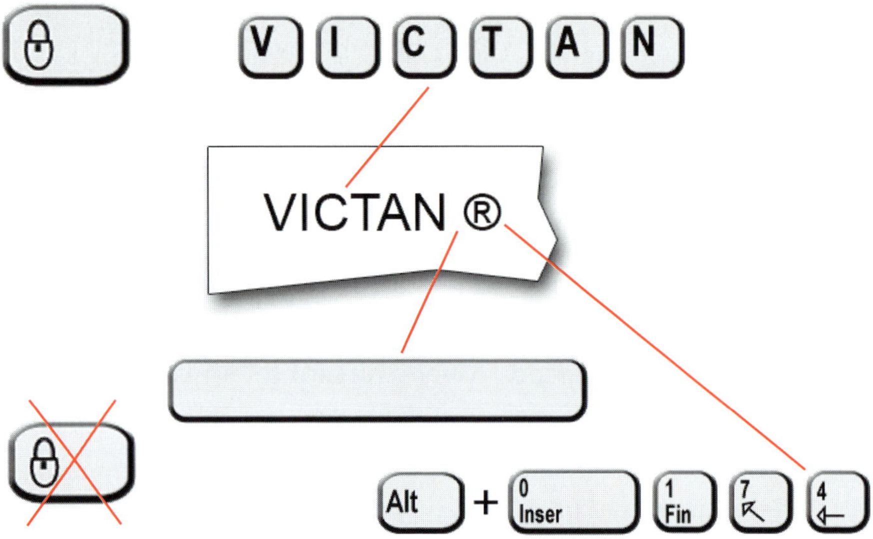

Word vous offre son aide

Nombre de personnes qui ne savent pas saisir le caractère ® tapent juste les touches **(**, **R** et **)** pour saisir *(r)* et exprimer ainsi la marque déposée. Cette solution constitue un très bon pis-aller. Si vous travaillez dans Microsoft Word, néanmoins, cette simple combinaison de touches suffit à insérer un ® parfait. Amusez-vous à la taper dans un document, en effet, et vous constaterez que les trois caractères se transforment automatiquement et instantanément en ®.

Je saisis une expression mathématique

`[10/(4+1)]-2 = 0`

Même si vous n'avez pas la bosse des maths, ne vous inquiétez pas : je ne vous demanderai aucun calcul ! Comme dans les autres exercices, mon seul objectif ici est de vous familiariser avec différentes touches du clavier. Sauriez-vous par exemple saisir sur-le-champ les deux crochets [ ] ? Je suis sûre qu'un petit temps de réflexion vous suffirait à trouver la solution. Mais voyons celle-ci ensemble en détail grâce à l'opération *[10/(4+1)]-2 = 0.*

OÙ LA TROUVER ? Alt Gr

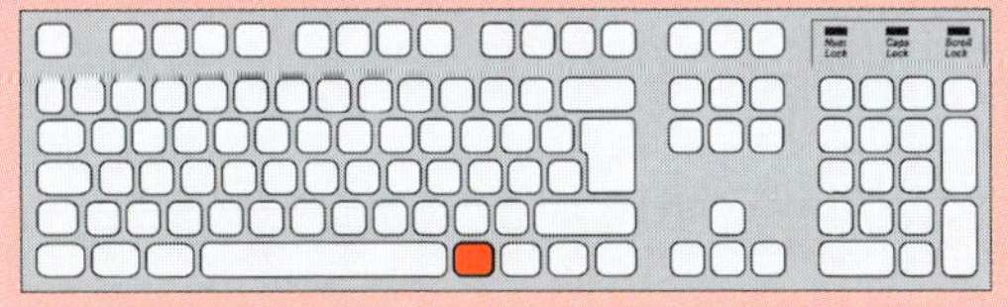

OÙ LA TROUVER ? 5 ([

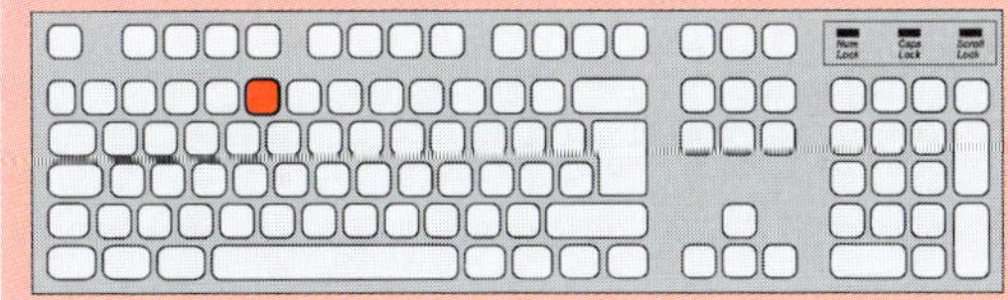

1 Parcourez des yeux la première ligne du pavé central : le crochet ouvrant [figure dans l'angle inférieur droit de la touche **5**. Pour le saisir, vous devez donc utiliser la touche **Alt Gr**. Appuyez sur cette dernière, située à droite de la **barre d'espace**, et ne la relâchez pas.

2 En maintenant toujours la touche **Alt Gr** enfoncée, tapez la touche **5** dans la première ligne du pavé central et relâchez-la.

3 Relâchez la touche **Alt Gr**.

4 Pour éviter les allers-retours incessants entre le pavé numérique et le pavé central, nous allons saisir tous les caractères depuis ce dernier. Les deux chiffres à venir et la barre oblique qui matérialise la division s'insèrent tous en mode Majuscules. Pour activer temporairement celui-ci, appuyez sur la touche **Maj** à l'extrême gauche de l'avant-dernière ligne du pavé central et ne la relâchez pas.

5 En maintenant toujours la touche **Maj** enfoncée, tapez successivement les touches **1** et **0** dans la première ligne du pavé central, puis la touche **/** dans la partie droite de l'avant-dernière ligne.

6 Relâchez la touche **Maj** et laissez votre doigt se décontracter : il doit rester d'attaque pour la suite !

7 La parenthèse ouvrante (qui vient maintenant s'insère grâce à une touche que vous avez utilisée il y a quelques secondes. Rappelez-vous l'étape 2… Tapez la touche **5** dans la première ligne du pavé central et relâchez-la.

8 Maintenant que votre doigt a repris ses esprits, appuyez de nouveau sur la touche **Maj** et ne la relâchez pas.

9 En maintenant toujours la touche **Maj** enfoncée, tapez successivement les touches **4**, **+** et **1** dans la première ligne du pavé central.

10 Relâchez la touche **Maj**.

11 Pour saisir la parenthèse fermante), tapez la touche **°** dans la partie droite de la première ligne du pavé central et relâchez-la.

Mémorisez bien son emplacement, car vous aurez de nouveau besoin de cette touche dans très peu de temps.

12 La saisie du crochet fermant] est une sorte de répétition, puisqu'elle fait de nouveau appel aux touches des étapes 1 et 11 et qu'elle reprend le principe d'insertion du crochet ouvrant]. Appuyez sur la touche **Alt Gr** et ne la relâchez pas.

13 En maintenant toujours la touche **Alt Gr** enfoncée, tapez la touche ° et relâchez-la.

14 Relâchez la touche **Alt Gr**.

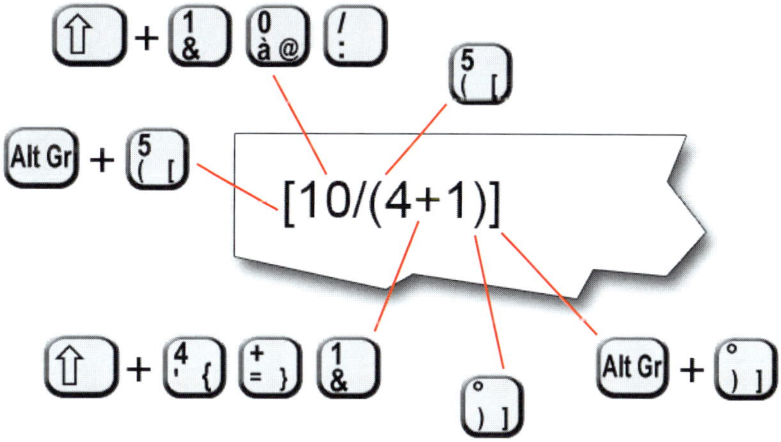

15 Pour saisir le signe moins, nous allons utiliser une touche bien connue. Vous en souvenez-vous ? Celle qu'il ne faut pas confondre avec la touche **8**… Je vois que votre mémoire est parfaitement fiablc. Impcccable ! Tapez donc la touche **6** dans la première ligne du pavé central et relâchez-la.

16 Pour saisir le 2, appuyez sur la touche **Maj** et ne la relâchez pas.

17 En maintenant toujours la touche **Maj** enfoncée, tapez la touche **2** dans la première ligne du pavé central et relâchez-la.

18 Relâchez la touche **Maj**.

19 Pour insérer le premier espace de cette opération, appuyez sur la **barre d'espace** et relâchez-la.

OÙ LA TROUVER ?

20 Le signe d'égalité s'insère grâce à une touche déjà utilisée à l'étape 9. Simplement, cette fois, vous ne devez pas travailler en mode Majuscules. Tapez donc simplement la touche **=** et relâchez-la.

21 Appuyez de nouveau sur la **barre d'espace** et relâchez-la.

22 Et maintenant : le résultat ! Appuyez sur la touche **Maj** et ne la relâchez pas.

23 En maintenant toujours la touche **Maj** enfoncée, tapez la touche **0** dans la première ligne du pavé central et relâchez-la.

24 Relâchez la touche **Maj**. Vous pouvez désormais recalculer le résultat si vous avez le moindre doute !

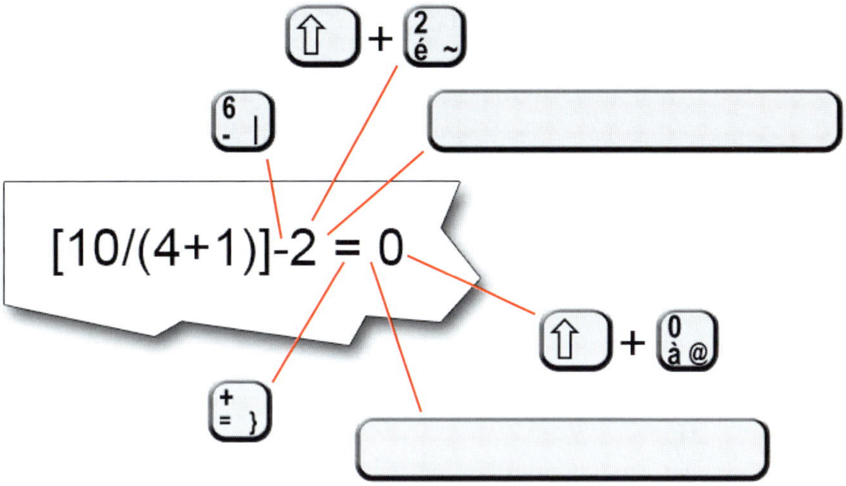

Et le signe de multiplication ?

Vous aurez constaté que le clavier n'affiche pas la traditionnelle croix qui matérialise normalement le signe de multiplication. Pour saisir celui-ci, beaucoup d'utilisateurs insèrent à la place la lettre X grâce à la touche **X** dans le pavé central. Bien que peu rigoureuse, cette méthode est communément admise. Pour plus d'exactitude, néanmoins, mieux vaut souvent saisir un astérisque qui matérialisera la multiplication en tapant la touche * dans la partie droite du pavé central et en la relâchant. Lorsque vous avez besoin d'insérer le symbole exact, vous devez recourir à la Table des caractères de Windows ou, si vous travaillez dans Microsoft Word, à la commande **Insertion → Caractères spéciaux**.

exercice 27

Je saisis un salaire en dollars

```
7 740 000 $
```

Un salaire annuel de *7 740 000 $* : plus facile à saisir qu'à gagner ! Et pourtant, il ne s'agit pas d'un salaire fictif, mais de celui du footballeur actuellement le mieux payé au monde : David Beckham. Oserais-je vous dire que cette somme ne représente toutefois même pas un tiers des revenus totaux du joueur ? Mais ne nous laissons pas gagner par la fièvre de l'argent et revenons à notre exercice. Dur retour à la réalité, je vous l'accorde !

OÙ LA TROUVER ? Verr Num

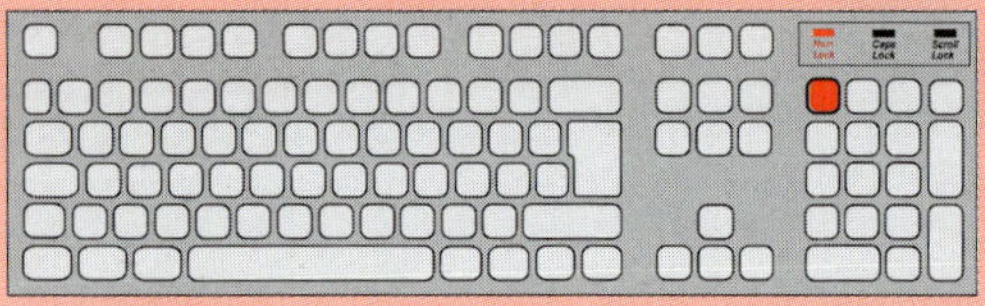

1 Nous allons saisir ce salaire faramineux depuis le pavé numérique dans la partie droite du clavier. Vérifiez par conséquent que ce pavé est verrouillé : le témoin **Num Lock** doit être allumé. S'il ne l'est pas, tapez la touche **Verr Num** dans l'angle supérieur gauche du pavé et relâchez-la.

2 Appuyez sur la touche **7** dans le pavé numérique et relâchez-la.

3 Pour ajouter l'espace qui doit jouer le rôle de séparateur de milliers, tapez la **barre d'espace** et relâchez-la.

4 Dans le pavé numérique, tapez successivement les touches **7**, **4** et **0**.

5 Appuyez de nouveau sur la **barre d'espace** et relâchez-la.

6 Dans le pavé numérique, tapez trois fois la touche **0**.

7 Appuyez une dernière fois sur la **barre d'espace** pour ajouter un espace devant le signe dollar et relâchez-la.

OÙ LA TROUVER ?

8 Ironie du sort, le $ se saisit beaucoup plus facilement que le symbole de l'euro (€), puisqu'une seule touche suffit : tapez la touche **$** dans la partie droite du pavé central et relâchez-la. Quelques secondes vous ont ainsi suffi pour saisir l'équivalent de quelque 6 400 000 euros !

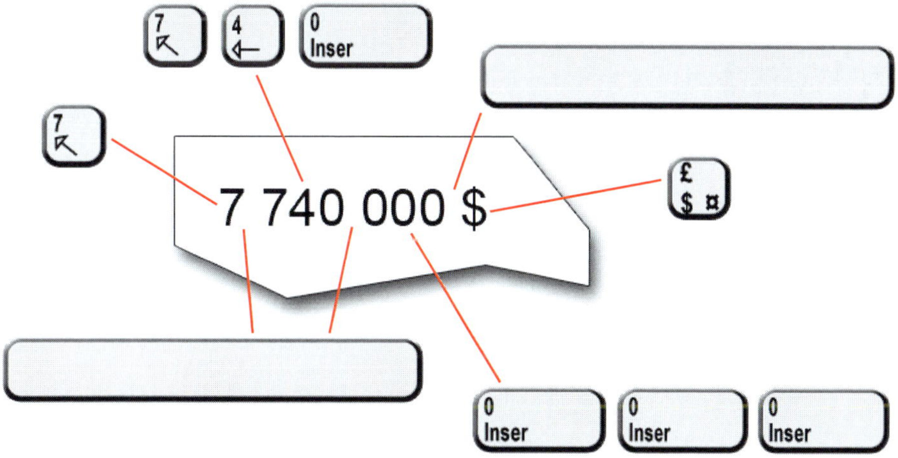

exercice 28

Je saisis un alexandrin avec toutes les lettres de l'alphabet

```
Portez ce vieux whisky
au juge blond qui fume.
```

Vous pouvez vérifier : cette phrase se compose bien de douze pieds et de toutes les lettres de l'alphabet. Peut-être savez-vous à qui nous la devons... À Georges Perec, auteur de cet étonnant roman « La Disparition » dans lequel il n'a pas utilisé du tout la lettre E. Échauffez donc tous vos doigts : nous allons commencer la saisie de *Portez ce vieux whisky au juge blond qui fume.*

OÙ LA TROUVER ?

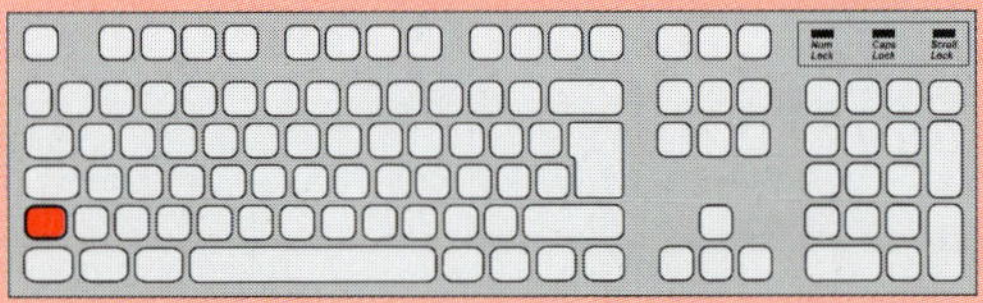

1 Pour saisir le P majuscule, appuyez sur la touche **Maj** à l'extrême gauche de l'avant-dernière ligne du pavé central et ne la relâchez pas.

2 En maintenant toujours la touche **Maj** enfoncée, tapez la touche **P** et relâchez-la.

3 Relâchez la touche **Maj**.

4 Tapez successivement les touches **O**, **R**, **T**, **E** et **Z**.

5 Insérez le premier espace en appuyant sur la **barre d'espace** et en la relâchant.

6 Tapez successivement les touches **C** et **E**.

7 Appuyez sur la **barre d'espace** et relâchez-la.

8 Tapez successivement les touches **V**, **I**, **E**, **U** et **X**.

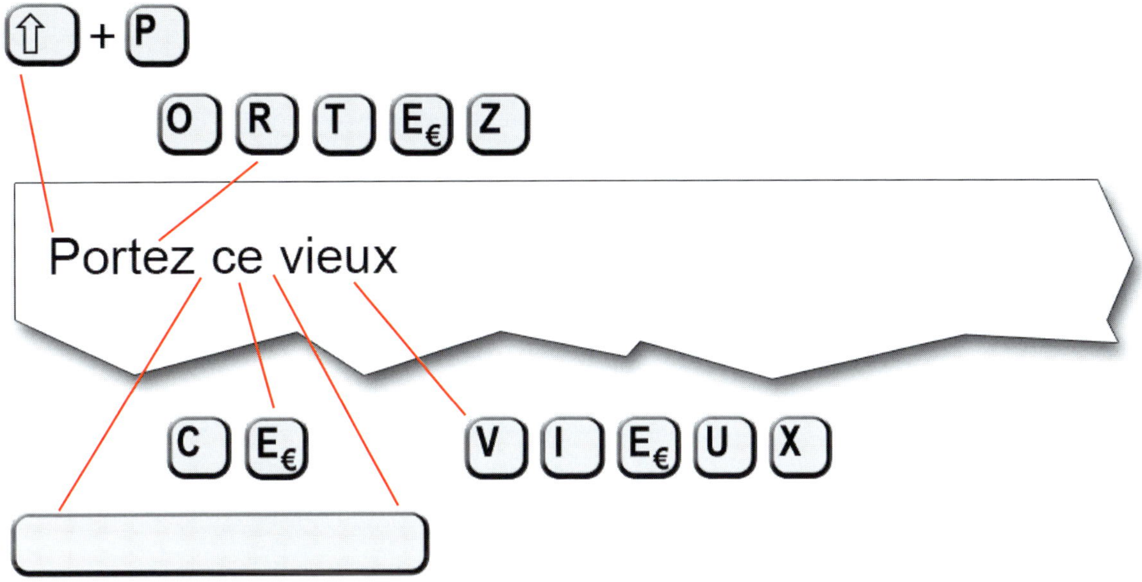

9 Appuyez sur la **barre d'espace** et relâchez-la.

10 Tapez successivement les touches **W**, **H**, **I**, **S**, **K** et **Y**. Voilà déjà un grand nombre de lettres employées, parmi les moins usitées, d'ailleurs.

11 Appuyez sur la **barre d'espace** et relâchez-la.

12 Tapez successivement les touches **A** et **U**.

13 Appuyez sur la **barre d'espace** et relâchez-la.

14 Tapez successivement les touches **J**, **U**, **G** et **E**.

15 Appuyez sur la **barre d'espace** et relâchez-la.

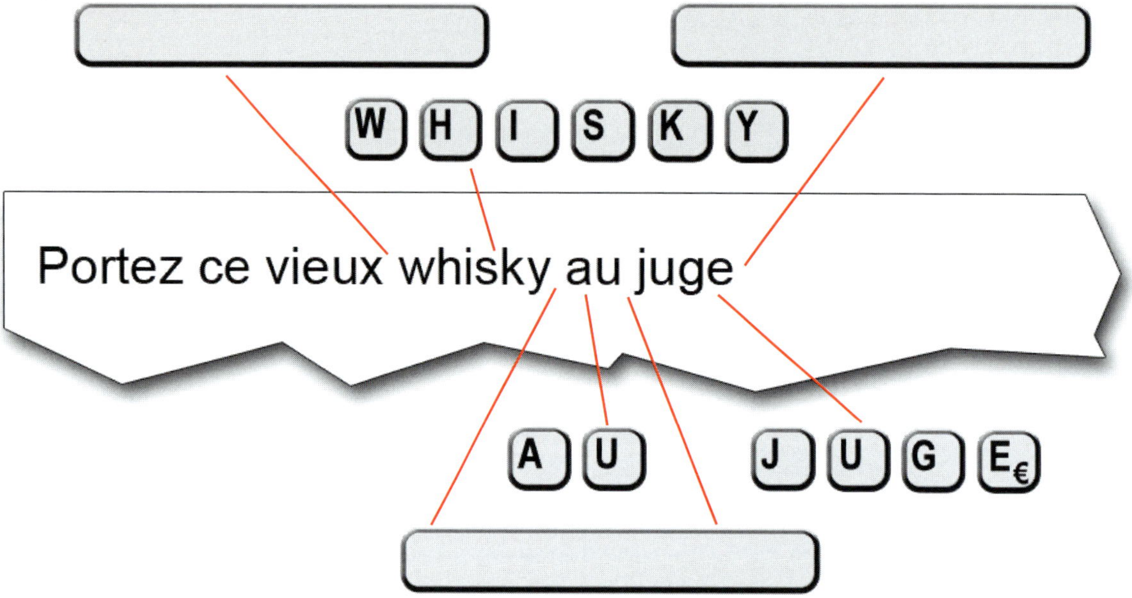

16 Tapez successivement les touches **B**, **L**, **O**, **N** et **D**. Ne flanchez pas : il ne vous reste plus que deux mots à saisir.

17 Appuyez sur la **barre d'espace** et relâchez-la.

18 Tapez successivement les touches **Q**, **U** et **I**.

19 Appuyez une dernière fois sur la **barre d'espace** et relâchez-la.

20 Tapez successivement les touches **F**, **U**, **M** et **E**. Vous avez ainsi saisi toutes les lettres de l'alphabet. Bravo ! Pour terminer en beauté, ajoutez maintenant le point final.

OÙ LA TROUVER ?

21 Appuyez sur la touche **Maj** et ne la relâchez pas.

22 En maintenant toujours la touche **Maj** enfoncée, tapez la touche **.** dans l'avant-dernière ligne du pavé central et relâchez-la.

23 Relâchez la touche **Maj**.

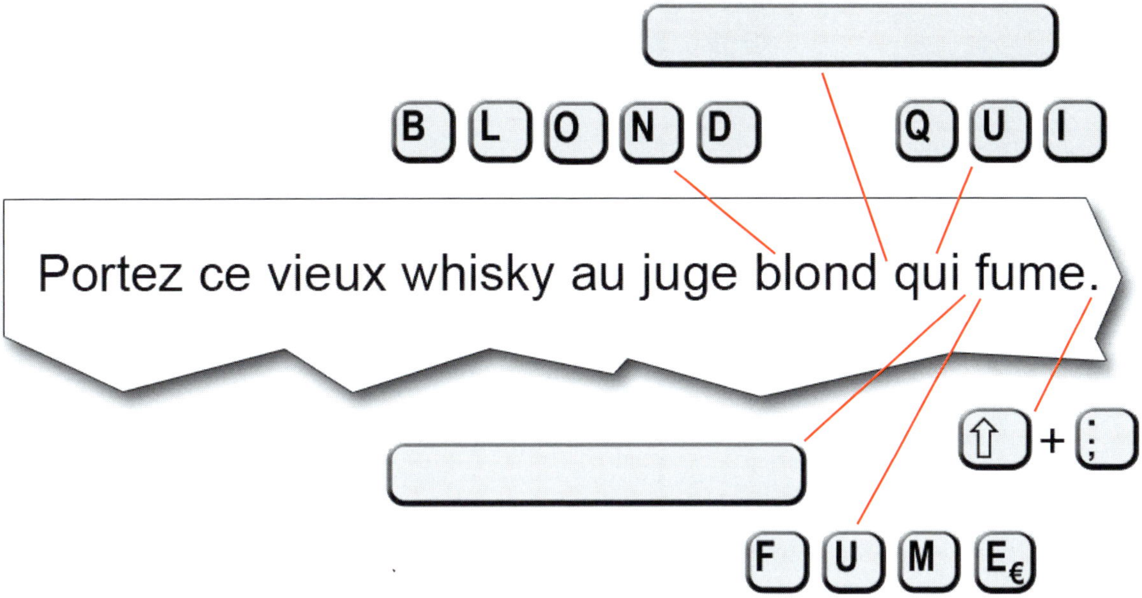

exercice 29

Je saisis une liste de commissions

```
* lait
* café
* pain
```

S'il est fréquent de commencer chaque point d'une liste par un tiret, nous allons ici faire preuve d'originalité en utilisant un astérisque. Cela vous donnera l'occasion de revoir la manière de saisir ce caractère. Nous profiterons aussi de cet exercice pour revenir sur cette grosse touche **Entrée**.

1 Jetons-nous donc tout de suite à l'eau, puisque la liste débute par le fameux astérisque. Appuyez sur la touche * dans la partie droite du pavé central et relâchez-la.

2 Appuyez sur la **barre d'espace** et relâchez-la.

3 Tapez successivement les lettres **L**, **A**, **I** et **T**.

4 Vous venez de saisir le premier élément de la liste. Il vous faut donc maintenant commencer une nouvelle ligne. N'appuyez surtout pas sur la **barre d'espace** à de multiples reprises jusqu'à ce que le point d'insertion se retrouve à la ligne suivante. Tapez au contraire la touche **Entrée** et relâchez-la.

5 Vous voilà au début d'une nouvelle ligne. Les étapes qui vont suivre ne constituent qu'une répétition des précédentes : vous allez donc les franchir allègrement, peut-être même sans avoir besoin de mes instructions ! Pour insérer le deuxième astérisque, tapez la touche * et relâchez-la.

6 Appuyez sur la **barre d'espace** et relâchez-la.

7 Tapez successivement les touches **C**, **A**, **F** et, dans la première ligne du pavé central, la touche **2**.

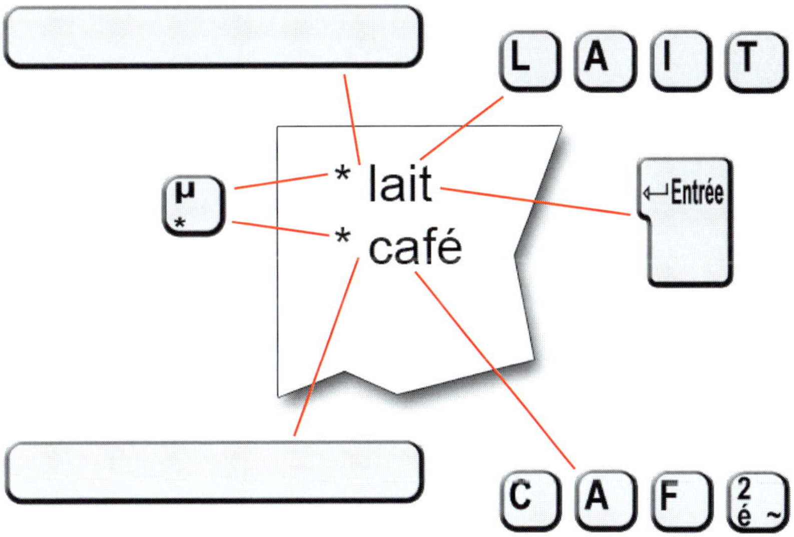

8 Et maintenant ? Effectivement, appuyez sur la touche **Entrée** et relâchez-la.

9 Tapez la touche * pour saisir le troisième astérisque et relâchez-la.

10 Appuyez sur la **barre d'espace** et relâchez-la.

11 Tapez successivement les lettres **P**, **A**, **I** et **N**. Vous avez ainsi terminé notre mini-liste, mais je vous invite à la poursuivre en fonction de vos envies ou de vos besoins par du sucre, des pommes, du chocolat ou que sais-je encore. Vous deviendrez ainsi un véritable pro de la touche **Entrée** !

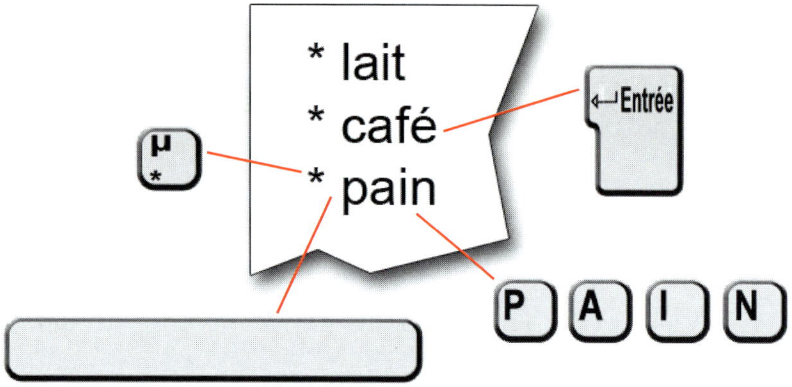

exercice 30

Je saisis une liste de chiffres romains et leurs équivalents arabes

I	1
V	5
X	10

Ce qui m'intéresse ici n'est pas de vous rappeler les nombres romains. Je cherche plutôt à revenir sur une touche dont nous n'avons pas beaucoup parlé jusqu'à présent et qui vous rendra pourtant de fiers services : la touche **Tab**, située à l'extrême gauche de la deuxième ligne du pavé central. C'est grâce à elle, et non pas à la **barre d'espace** que vous aller pouvoir aligner correctement les chiffres romains et arabes. Comment ? L'explication en étapes.

1 Pour saisir le I majuscule, appuyez sur la touche **Maj** à l'extrême gauche de l'avant-dernière ligne du pavé central et ne la relâchez pas.

2 En maintenant toujours la touche **Maj** enfoncée, tapez la touche **I** et relâchez-la.

3 Relâchez la touche **Maj**.

4 Bien qu'un grand espace doive séparer le *I* du 1, n'appuyez surtout pas sur la **barre d'espace**. Fuyez-la, même ! Pour garantir un alignement parfait des chiffres arabes, vous devez utiliser la touche **Tab**, afin d'insérer

une tabulation. Ainsi, même si vous modifiez ou ajoutez un caractère dans la première colonne par la suite, les chiffres de la deuxième colonne resteront bien alignés. Tapez donc la touche **Tab** à l'extrême gauche de la deuxième ligne du pavé central et relâchez-la.

5 Aucun caractère n'apparaît à l'écran, sauf si vous travaillez dans Microsoft Word et que les éléments non imprimables sont affichés. Une flèche noire apparaît alors en effet à la suite du *I*. Dans tous les cas, le point d'insertion est déplacé assez loin du *I*, là où débutera la deuxième colonne. Il ne vous reste plus qu'à saisir le *1*. Vérifiez que le pavé numérique est verrouillé. Sans doute vous en souvenez-vous : le témoin **Num Lock** doit être allumé. S'il ne l'est pas, tapez la touche **Verr Num** dans l'angle supérieur gauche du pavé et relâchez-la.

6 Appuyez sur la touche **1** dans le pavé numérique et relâchez-la.

7 Vous devez maintenant commencer une nouvelle ligne. Là non plus, pas de **barre d'espace**. En fait, celle-ci va profiter d'un repos bien mérité durant tout cet exercice. Pour débuter la deuxième ligne, tapez la grosse touche **Entrée** et relâchez-la.

8 Pour saisir le V majuscule, appuyez sur la touche **Maj** et ne la relâchez pas.

9 En maintenant toujours la touche **Maj** enfoncée, tapez la touche **V** et relâchez-la.

10 Relâchez la touche **Maj**.

11 Appuyez sur la touche **Tab** et relâchez-la. Le point d'insertion se retrouve aussitôt exactement sous le *1*.

12 Tapez la touche **5** dans le pavé numérique et relâchez-la. Le *5* se positionne juste sous le *1*.

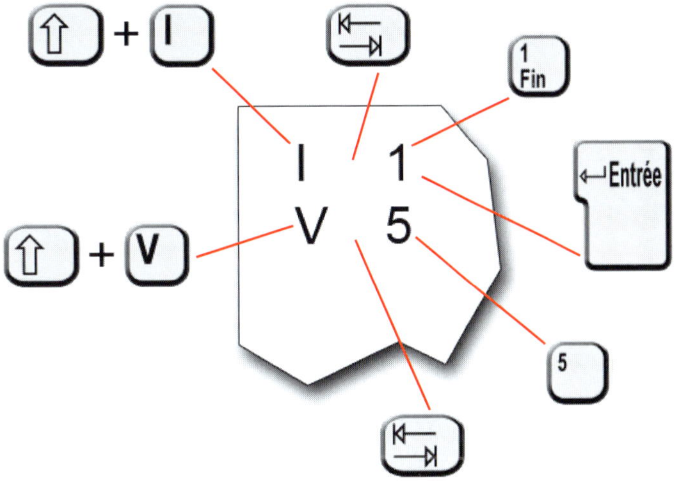

13 Pour commencer la troisième ligne, tapez la touche **Entrée** et relâchez-la.

14 Pour saisir le X majuscule, appuyez sur la touche **Maj** et ne la relâchez pas.

15 En maintenant toujours la touche **Maj** enfoncée, tapez la touche **X** et relâchez-la.

16 Relâchez la touche **Maj**.

17 Appuyez sur la touche **Tab** et relâchez-la.

18 Tapez successivement les touches **1** et **0** dans le pavé numérique et relâchez-la. Le *10* commence exactement au même niveau que le *5*, juste sous ce dernier. Vous pouvez maintenant admirer deux colonnes de texte très harmonieuses. Si vous voulez vous assurer d'avoir bien compris le principe de la touche **Tab**, amusez-vous à poursuivre cette liste. Il reste en effet d'autres chiffres romains, comme L (50), C (100) ou D (500).

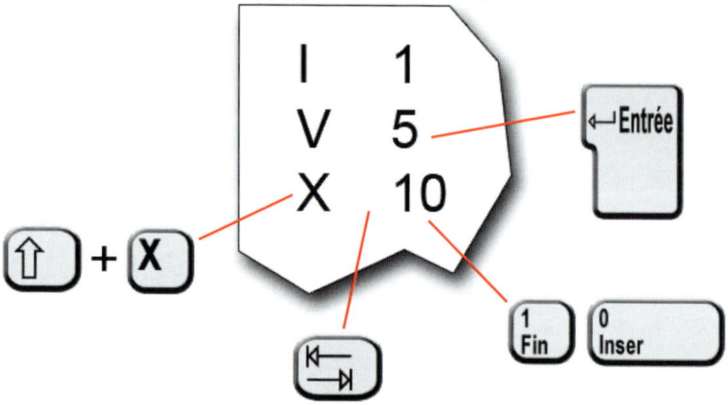

chapitre 6

15 questions-réponses pour tester mes connaissances

Ne considérez surtout pas ce chapitre comme un piège. Il est au contraire là pour vous rassurer. Nul doute, en effet, que vous allez pouvoir répondre à la majorité, voire la totalité des questions. Vous constaterez ainsi avec plaisir que vous avez assimilé l'essentiel des informations données dans les chapitres précédents. Prêt pour ce petit test ?

question 1

Comment saisir le signe pour cent % ?

En maintenant la touche **Maj** enfoncée, tapez la touche **%** dans la partie droite du pavé central, puis relâchez les deux touches.

Pour plus d'informations, consultez les sections « Touches marquées de deux caractères » (page 18), « Touche Maj » (page 38) et « Lettres majuscules et caractères assimilés » (page 79).

question 2

Comment saisir un é ?

Tapez et relâchez la touche **2** dans la première ligne du pavé central.

Pour plus d'informations, consultez les sections « Touches marquées de trois caractères » (page 20), « Touches marquées de chiffres, de caractères spéciaux ou de signes de ponctuation » (page 30) et « Caractères minuscules accentués visibles sur le clavier » (page 81).

question 3

Comment déplacer instantanément le point d'insertion au début de la ligne de texte en cours ?

Tapez et relâchez la touche **Origine** dans la première ligne du pavé directionnel.

Pour plus d'informations, consultez la section « Touches dédiées au déplacement » (page 46).

question 4

Comment afficher le menu contextuel d'un élément sélectionné ?

Tapez et relâchez la touche **Application** dans la dernière ligne du pavé central ou cliquez sur l'élément avec le bouton droit de la souris.

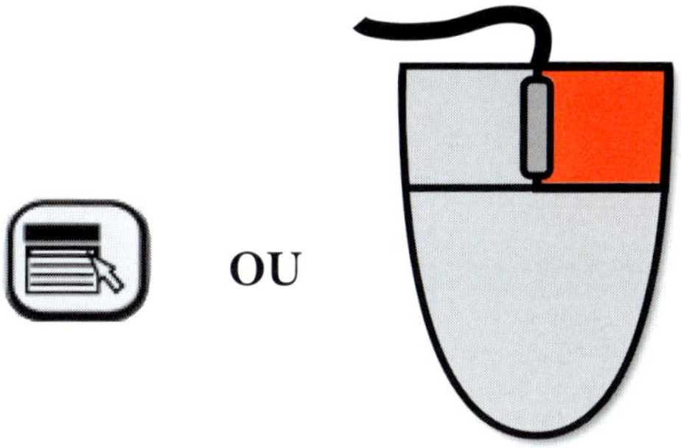

Pour plus d'informations, consultez les sections « Touche Application » (page 44) et « Cliquer avec le bouton droit » (page 64).

question 5

Comment saisir une accolade ouvrante ?

En maintenant la touche **Alt Gr** enfoncée, tapez la touche **4** dans la première ligne du pavé central, puis relâchez les deux touches.

Pour plus d'informations, consultez les sections « Touches marquées de trois caractères » (page 20), « Touches marquées de chiffres, de caractères spéciaux ou de signes de ponctuation » (page 30) et « Caractères spéciaux et symboles visibles sur le clavier » (page 85).

question 6

Comment saisir un point d'exclamation ?

Tapez la touche **!** dans la dernière ligne du pavé central et relâchez-la.

Pour plus d'informations, consultez les sections « Touches marquées de deux caractères » (page 18), « Touches marquées de chiffres, de caractères spéciaux ou de signes de ponctuation » (page 30) et « Lettres minuscules et caractères simples » (page 78).

question 7

Comment faire défiler le document en cours de deux écrans vers le haut ?

Tapez deux fois successivement la touche **PgPr** dans la première ligne du pavé directionnel et relâchez-la.

Pour plus d'informations, consultez la section « Touches dédiées au déplacement » (page 46).

question 8

Comment saisir un R majuscule ?

En maintenant la touche **Maj** enfoncée, tapez la touche **R** dans le pavé central, puis relâchez les deux touches.

Pour plus d'informations, consultez les sections « Touches marquées de deux caractères » (page 18), « Touches marquées des lettres de l'alphabet » (page 29), « Touche Maj » (page 38) et « Lettres majuscules et caractères assimilés » (page 79).

question 9

Comment effacer les trois caractères qui précèdent le point d'insertion ?

Tapez trois fois successivement la touche **Retour arrière** dans la première ligne du pavé central et relâchez-la.

Pour plus d'informations, consultez les sections « Touches dédiées à la suppression » (page 48) et « Supprimer du texte » (page 91).

question 10

Comment déplacer un élément sélectionné par glisser-déposer ?

Pointez l'élément sélectionné, appuyez sur le bouton gauche de la souris et, sans le relâcher, faites glisser la souris jusqu'à ce que l'élément à déplacer se trouve à l'endroit souhaité. Relâchez ensuite le bouton.

Pour plus d'informations, consultez la section « Effectuer un glisser-déposer » (page 69).

question 11

Comment saisir un 5 ?

S'il ne l'est pas encore, verrouillez le pavé numérique en tapant la touche **Verr Num** et en la relâchant, puis tapez la touche **5** dans le pavé numérique. Vous pouvez aussi taper la touche **5** dans la première ligne du pavé central en maintenant la touche **Maj** enfoncée, puis relâcher les deux touches.

Pour plus d'informations, consultez les sections « Touches qui produisent un caractère » (page 16), « Touches marquées de chiffres, de caractères spéciaux ou de signes de ponctuation » (page 30), « Touche Maj » (page 38), « Touches marquées d'un chiffre » (page 52) et « Chiffres » (page 83).

question 12

Comment saisir un © ?

S'il ne l'est pas encore, verrouillez le pavé numérique en tapant la touche **Verr Num** et en la relâchant. Tapez ensuite successivement les touches **0**, **1**, **6** et **9** dans le pavé numérique en maintenant la touche **Alt** enfoncée, puis relâchez cette touche.

Pour plus d'informations, consultez les sections « Touche Alt » (page 41) et « Caractères absents du clavier » (page 86).

question 13

Comment saisir un ô ?

Tapez successivement les touches **^** et **O** dans le pavé central.

Pour plus d'informations, consultez les sections « Touches marquées de deux caractères » (page 18), « Touches marquées de chiffres, de caractères spéciaux ou de signes de ponctuation » (page 30) et « Caractères absents du clavier et surmontés d'un accent grave ou circonflexe, d'un tilde ou d'un tréma » (page 81).

question 14

Comment ouvrir l'Explorateur Windows sans utiliser la souris ?

En maintenant la touche **Windows** enfoncée, appuyez sur la touche **E**, puis relâchez les deux touches.

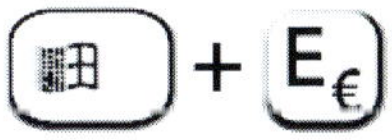

Pour plus d'informations, consultez la section « Touche Windows » (page 40).

question 15

Comment saisir un À ?

En maintenant la touche **Alt Gr** enfoncée, tapez la touche **7** dans la première ligne du pavé central, puis relâchez les deux touches. Appuyez ensuite sur la touche **Maj** et, sans la relâcher, tapez puis relâchez la touche **A**. Relâchez finalement la touche **Maj**.

Pour plus d'informations, consultez les sections « Touches marquées de deux caractères » (page 18), « Touches marquées de trois caractères » (page 20), « Touche Maj » (page 38), « Touche Alt Gr » (page 43), « Lettres majuscules et caractères assimilés » (page 79) et « Caractères absents du clavier et surmontés d'un accent grave ou circonflexe, d'un tilde ou d'un tréma » (page 81).

Index

D

E

F

G

H

I

L

M

N

O

P

Q

R

S

T

V

W

Y

Raccourcis clavier

Impossible de terminer un livre sur le clavier sans vous proposer une sélection des meilleurs raccourcis clavier utilisables dans Windows et Microsoft Word. Si vous n'en mémorisez même que la moitié, vous constaterez un gain d'efficacité indéniable dans votre travail.

Souvenez-vous : dans un raccourci, vous ne devez pas taper le signe + qui sépare le nom des touches. Il faut simplement maintenir l'une de celles-ci enfoncée pendant que vous tapez la deuxième. Et pour les raccourcis qui impliquent au moins trois touches, vous devez maintenir les deux premières enfoncées pendant que vous tapez la troisième. Un exercice beaucoup plus simple qu'il n'y paraît, croyez-moi !

Raccourcis clavier Windows

Raccourcis généraux

Ouvrir l'aide en ligne de Windows	**⊞+F1**
Obtenir de l'aide sur l'élément en cours ou, quand aucune aide n'y est associée, ouvrir l'aide en ligne de Windows	**F1**
Afficher le bureau	**Windows+D**
Afficher et activer la barre des tâches	**Windows+Tab**
Rechercher un élément	**Windows+F**
Rechercher un ordinateur	**Windows+Ctrl+F**
Ouvrir la boîte de dialogue **Exécuter**	**Windows+R**
Afficher les Propriétés système	**Windows+Pause**
Afficher les Informations système	**Ctrl+Alt+F1**
Verrouiller l'ordinateur ou basculer entre plusieurs utilisateurs	**Ctrl+L**
Redémarrer l'ordinateur	Deux fois **Ctrl+Alt+Suppr**

Raccourcis liés aux programmes

Atteindre le programme ouvert suivant	**Alt+Tab**
Atteindre le programme ouvert précédent	**Alt+Maj+Tab**
Atteindre le document ouvert suivant dans un programme	**Ctrl+Maj+F6**

➜

Atteindre le document ouvert précédent dans un programme	**Ctrl+F6**
Réduire toutes les fenêtres de programmes ouvertes	**⊞+M** ou **⊞+D**
Agrandir toutes les fenêtres de programmes précédemment réduites	**⊞+M** ou **⊞+D**
Afficher le menu système du programme en cours	**Alt+Barre d'espace**
Activer la barre de menus du programme en cours	**F10**
Afficher la liste des programmes ouverts et des processus en cours et, le cas échéant, fermer un programme qui ne fonctionne plus	**Ctrl+Alt+Suppr**
Fermer un programme	**Alt+F4**

Raccourcis utilisables dans l'Explorateur

Ouvrir l'Explorateur	**⊞+E**
Actualiser l'affichage	**F5**
Basculer entre les affichages Plein écran et normal	**F11**
Afficher l'historique	**Ctrl+H**
Afficher les favoris	**Ctrl+I**
Organiser les favoris	**Ctrl+B**
Afficher les propriétés d'un fichier ou dossier sélectionné	**Alt+Entrée**
Renommer un fichier ou dossier sélectionné	**F2**
Copier un fichier ou dossier sélectionné	**Ctrl+C**
Couper un fichier ou dossier sélectionné	**Ctrl+X**

→

Raccourcis utilisables dans l'Explorateur (suite)

Coller un fichier ou dossier précédemment copié ou coupé	**Ctrl+V**
Rechercher un élément	**F3**
Supprimer définitivement un fichier ou dossier sélectionné	**Maj+Suppr**
Annuler la dernière modification apportée	**Ctrl+Z**
Fermer l'Explorateur	**Ctrl+W** ou **Alt+F4**

Raccourcis clavier Word

Raccourcis liés à la consultation de documents

Basculer en mode d'affichage Normal	**Alt+Ctrl+N**
Basculer en mode d'affichage Page	**Alt+Ctrl+P**
Basculer en mode d'affichage Plan	**Alt+Ctrl+O**
Obtenir un aperçu avant impression	**Ctrl+F2**
Afficher/Masquer les caractères non imprimables	**Ctrl+*** (pavé central)
Déplacer le point d'insertion d'un mot vers la droite	**Ctrl+Flèche Droite**
Déplacer le point d'insertion d'un mot vers la gauche	**Ctrl+Flèche Gauche**
Déplacer le point d'insertion au début du paragraphe en cours, puis précédent	**Ctrl+Flèche Haut**

→

Déplacer le point d'insertion au début du paragraphe suivant	**Ctrl+Flèche Bas**
Déplacer le point d'insertion au début du document	**Ctrl+Origine**
Déplacer le point d'insertion à la fin du document	**Ctrl+Fin**
Déplacer le point d'insertion à la dernière modification apportée, même après la fermeture et réouverture du document	**Maj+F5**
Atteindre la faute d'orthographe ou de grammaire suivante et afficher le menu contextuel	**Alt+F7**
Déplacer le point d'insertion à un endroit précis	**Ctrl+B** ou **F5**

Raccourcis liés à la gestion de documents

Créer un nouveau document	**Ctrl+N**
Ouvrir un document	**Ctrl+O**
Enregistrer le document en cours	**Ctrl+S**
Ouvrir la boîte de dialogue **Enregistrer sous**	**F12**
Imprimer un document	**Ctrl+P**
Fermer un document	**Ctrl+W**
Annuler la dernière action	**Ctrl+Z**
Rétablir la dernière action annulée	**Ctrl+Y**
Répéter la dernière action réalisée	**F4**
Ouvrir l'aide en ligne	**F1**
Quand un seul document est ouvert, quitter Word	**Alt+F4**

Raccourcis liés à la sélection de texte

Sélectionner le caractère suivant le point d'insertion	**Maj+Flèche Droite**
Sélectionner le caractère précédant le point d'insertion	**Maj+Flèche Gauche**
Sélectionner le mot suivant le point d'insertion	**Ctrl+Maj+Flèche Droite**
Sélectionner le mot précédant le point d'insertion	**Ctrl+Maj+Flèche Gauche**
Sélectionner tout le texte depuis le point d'insertion jusqu'au début de la ligne en cours	**Maj+Origine**
Sélectionner tout le texte depuis le point d'insertion jusqu'à la fin de la ligne en cours	**Maj+Fin**
Sélectionner tout le texte depuis le point d'insertion jusqu'à l'écran précédent	**Maj+PgPr**
Sélectionner tout le texte depuis le point d'insertion jusqu'à l'écran suivant	**Maj+PgSv**
Sélectionner tout le contenu du document en cours	**Ctrl+A**

Raccourcis liés à la saisie et à la modification de texte

Copier un texte sélectionné	**Ctrl+C**
Couper un texte sélectionné	**Ctrl+X**
Coller un texte copié ou coupé vers le Presse-papiers	**Ctrl+V**
Supprimer le mot suivant le point d'insertion	**Ctrl+Suppr**
Supprimer le mot précédant le point d'insertion	**Ctrl+Retour arrière**

→

Insérer un saut de ligne	**Maj+Entrée**
Insérer un saut de page	**Ctrl+Entrée**
Insérer un espace insécable	**Ctrl+Maj+Barre d'espace**
Insérer un tiret insécable	**Ctrl+8** (pavé central)
Insérer la date	**Alt+Maj+D**
Insérer l'heure	**Alt+Maj+H**
Insérer un numéro de page	**Alt+Maj+P**
Insérer une note de bas de page	**Alt+Ctrl+B**
Insérer une note de fin	**Alt+Ctrl+F**
Insérer un commentaire	**Alt+Ctrl+M**
Insérer un lien hypertexte	**Ctrl+K**
Créer une insertion automatique	**Alt+F3**
Intégrer une insertion automatique	**F3** ou **Ctrl+Alt+V**
Créer une entrée d'index	**Alt+Maj+X**
Mettre à jour un champ	**F9** ou **Alt+J**
Vérifier l'orthographe et la grammaire	**F7**
Rechercher du texte	**Ctrl+F**
Remplacer du texte	**Ctrl+H**
Trouver l'occurrence suivante du dernier texte spécifié dans la boîte de dialogue **Rechercher et Remplacer** lorsque celle-ci est fermée	**Maj+F4** ou **Ctrl+Alt+Y**
Rechercher un synonyme	**Maj+F7**
Traduire un texte	**Alt+Maj+F7**

Raccourcis liés à la mise en forme de texte

Afficher les caractéristiques de mise en forme d'un texte sélectionné	**Maj+F1**
Agrandir la taille d'un texte sélectionné	**Ctrl+Alt+Maj+>**
Réduire la taille d'un texte sélectionné	**Ctrl+Alt+<**
Changer la taille d'un texte sélectionné	**Ctrl+Maj+E**
Changer la police d'un texte sélectionné	**Ctrl+Alt+Maj+P**
Appliquer la police Symbole à un texte sélectionné	**Ctrl+Maj+Q**
Appliquer/Retirer une mise en gras	**Ctrl+G**
Appliquer/Retirer une mise en italique	**Ctrl+I**
Appliquer un soulignement simple aux mots et espaces sélectionnés, et retirer cette mise en forme	**Ctrl+U**
Appliquer un soulignement double aux mots et espaces sélectionnés, et retirer cette mise en forme	**Alt+Ctrl+U**
Appliquer un soulignement simple aux mots sélectionnés, mais pas aux espaces, et retirer cette mise en forme	**Alt+Maj+U**
Masquer un texte et retirer cette mise en forme	**Ctrl+Maj+U**
Appliquer/Retirer une mise en exposant	**Ctrl+Maj+=**
Appliquer/Retirer une mise en indice	**Ctrl+=**
Inscrire un texte sélectionné en majuscules	**Ctrl+Maj+A**
Inscrire un texte sélectionné en petites majuscules	**Ctrl+Maj+K**
Changer la casse d'un texte sélectionné	**Maj+F3**
Retirer la mise en forme de caractères sélectionnés	**Ctrl+Barre d'espace**
Ouvrir la boîte de dialogue **Police**	**Ctrl+D**

Aligner un paragraphe à gauche	**Alt+Maj+G**
Aligner un paragraphe à droite	**Ctrl+Maj+D**
Centrer un paragraphe	**Ctrl+E**
Justifier un paragraphe	**Ctrl+J**
Appliquer un interligne de 1,5	**Ctrl+5** (pavé central)
Appliquer un interligne double	**Ctrl+2** (pavé central)
Appliquer un retrait à gauche par incréments de 1,25 cm	**Ctrl+R**
Réduire un retrait à gauche par incréments de 1,25 cm	**Ctrl+Maj+M**
Créer un retrait négatif de première ligne	**Ctrl+T**
Réduire un retrait négatif de première ligne	**Ctrl+Maj+T**
Créer une liste à puces	**Ctrl+Maj+L**
Augmenter/Réduire l'espacement avant un paragraphe de 12 points	**Ctrl+0** (pavé central)
Harmoniser la mise en forme de paragraphes sélectionnés	**Ctrl+Maj+J**
Retirer la mise en forme d'un paragraphe sélectionné	**Ctrl+Q**
Changer le style	**Ctrl+Maj+S**
Appliquer le style Normal	**Ctrl+Maj+N**
Appliquer le style Titre 1	**Ctrl+1** (pavé central)
Appliquer le style Titre 2	**Ctrl+2** (pavé central)
Appliquer le style Titre 3	**Ctrl+3** (pavé central)
Hausser un paragraphe d'un niveau	**Alt+Maj+Flèche Gauche**
Abaisser un paragraphe d'un niveau	**Alt+Maj+Flèche Droite**

➜

Raccourcis liés à la mise en forme de texte (suite)

Copier la mise en forme d'un texte sélectionné	**Ctrl+Maj+C**
Appliquer à un texte sélectionné une mise en forme précédemment copiée	**Ctrl+Maj+V**
Réaliser une mise en forme automatique	**Ctrl+!**
Mettre à jour une mise en forme automatique	**Ctrl+Alt+J**

Raccourcis liés aux tableaux

Accéder à la cellule suivante	**Tab**
Accéder à la cellule précédente	**Maj+Tab**
Accéder à la première cellule de la ligne	**Alt+Origine**
Accéder à la dernière cellule de la ligne	**Alt+Fin**
Accéder à la première cellule de la colonne	**Alt+PgPr**
Accéder à la dernière cellule de la colonne	**Alt+PgSv**
Sélectionner tout le tableau en cours	**Alt+5**
Insérer une tabulation dans une cellule	**Ctrl+Tab**
Quand le point d'insertion se trouve dans la dernière cellule d'un tableau, ajouter une ligne à la fin de celui-ci	**Tab**
Supprimer tout ou partie d'un tableau	**Ctrl+X**